财务会计类专业精品课程规划教材

财务会计基础职业能力训练

● 谢滨如　郑在柏　主编

苏州大学出版社
Soochow University Press

图书在版编目(CIP)数据

财务会计基础职业能力训练 / 谢滨如，郑在柏主编．—苏州：苏州大学出版社，2021.7(2025.7 重印)

五年制高等职业教育会计类专业精品课程系列教材

江苏联合职业技术学院院本教材 经学院教材审定委员会审定通过

ISBN 978-7-5672-3575-5

Ⅰ．①财… Ⅱ．①谢… ②郑… Ⅲ．①财务会计－高等职业教育－教学参考资料 Ⅳ．①F234.4

中国版本图书馆 CIP 数据核字(2021)第 132991 号

财务会计基础职业能力训练

CAIWU KUAIJI JICHU ZHIYE NENGLI XUNLIAN

谢滨如 郑在柏 主编

责任编辑 王 亮

苏州大学出版社出版发行
(地址：苏州市十梓街 1 号 邮编：215006)
镇江文苑制版印刷有限责任公司印装
(地址：镇江市黄山南路 18 号润州花园 6-1 号 邮编：212000)

开本 787 mm×1 092 mm 1/16 印张 16 字数 341 千
2021 年 7 月第 1 版 2025 年 7 月第 6 次修订印刷
ISBN 978-7-5672-3575-5 定价：48.00 元

若有印装错误，本社负责调换
苏州大学出版社营销部 电话：0512-67481020
苏州大学出版社网址 http：//www.sudapress.com
苏州大学出版社邮箱 sdcbs@suda.edu.cn

前言

在智慧会计来临的时代,为配合五年制高等职业教育财经类专业财务会计基础、基础会计课程的教与学,使学生更好地认知会计基本知识、基本理论,把握会计基本技能和基本方法,提升会计职业基本能力和专业素质,我们编写了与教材相配套的《财务会计基础职业能力训练》。

本书以江苏联合职业技术学院颁布的《五年制高等职业教育会计类专业基础会计课程标准》为依据,按照财政、税收、金融等最新制度编写,分为知识认知、选择训练(基础训练、提升训练)、专业应用等模块。知识认知模块,主要目的是帮助学生夯实会计专业知识基础,掌握会计基本术语;选择训练模块,主要目的是提高学生辨析会计基本知识的能力,培养学生理解、分析、选择的职业能力;专业应用模块,主要目的是提升学生的会计专业素养和对专业知识的运用能力,使其熟练掌握会计基本技能和基本方法。

江苏联合职业技术学院徐州财经分院谢滨如老师和郑在柏教授担任本书主编,制定编写大纲,设计教材体例,提出编写方案,并统稿、总纂。参加编写的教师主要有:谢滨如(项目一、五)、张新茹(项目二、七、十)、戚筱伊(项目三、六、十一)、赵筱涵(项目四、八、九)。在编写过程中,编者借鉴和参考了徐州财经分院基础会计课程团队编写的相关题库资料,在此对团队成员程晓鹤、张平、李梅等教师表示感谢。

本书主要适用于五年制高等职业教育财经类专业,也适用于三年制高等职业教育、中等职业教育财经类专业,还可以作为会计从业人员的学习培训辅导用书。由于编者水平有限,书中难免有不足之处,望广大同仁不吝赐教,在此深表谢意。

CONTENTS 目录

项目一	认知会计职业	001
项目二	熟记会计要素	007
项目三	运用账户与复式记账	023
项目四	识别经济业务与原始凭证	045
项目五	核算企业基本经济业务	062
项目六	填制记账凭证	105
项目七	登记会计账簿	140
项目八	实施财产清查	180
项目九	编制财务会计报告	211
项目十	应用会计处理程序	229
项目十一	理解会计原则与会计法规	239

项目一

认知会计职业

知识认知能力训练

1. 会计是以_____为_____计量单位,对企业、事业、行政、团体等单位的_____进行连续、系统、全面_____和_____的一种_____活动。

2. _____时期出现了会计工作者——"_____",而且出现了"会计"一词(《周礼·天官》)。这是"会计"在我国历史文献中第一次出现。

3. 会计的职能是指会计在单位经济管理中具有的客观功能。一般认为,会计具有_____和_____两个基本职能。

4. 会计核算是指会计通过_____、_____、记录、_____等程序,反映单位经济活动的过程和结果,并为_____提供有用的信息。会计核算是会计_____的职能,贯穿经济活动的全过程。

5. 会计的计量尺度有_____、_____、_____。其中,货币量度是会计_____的计量尺度,而_____和_____是会计辅助的计量尺度。

6. 会计监督是指会计按照管理的目的和要求,查明会计核算资料是否_____、_____、_____、_____,并对不正确的经济行为进行必要的干预,以保证经济活动的_____和_____,制止各种违反财经纪律的行为。监督的依据包括各种_____、_____、_____、_____。

7. 会计监督包括_____、_____和_____。

8. 会计理论界认为,会计除了具有会计核算和会计监督两个基本职能之外,还具备_____职能、_____职能、控制职能、_____职能等。

9. 会计的作用是指会计职能在实践中所产生的社会效果。可以概括为三个方面,即_____、_____、加强经济核算。

10. 会计方法体系主要是由_____、_____、会计决策方法、会计控制方法、会计分析方法等组成的。

11. ＿＿＿＿＿＿＿＿＿＿＿＿是指以统一的货币单位为量度标准，连续、系统、完整地对会计对象进行确认、计量、记录和报告的方法。

12. 会计核算方法主要包括＿＿＿＿＿＿、＿＿＿＿＿＿、＿＿＿＿＿＿、＿＿＿＿＿＿、＿＿＿＿＿＿和＿＿＿＿＿＿七种专门方法。

13. 会计监督方法是指以《中华人民共和国会计法》和有关财经法规为依据，对＿＿＿、＿＿＿＿和＿＿＿＿等会计资料的＿＿＿＿＿＿、＿＿＿＿＿＿、＿＿＿＿＿＿进行检查的方法。它包括＿＿＿、＿＿＿、＿＿＿、＿＿＿、＿＿＿、＿＿＿等具体方法。

14. 现代会计由＿＿＿＿＿＿和＿＿＿＿＿＿组成。

15. 企业（公司）的会计岗位一般可以分为＿＿＿＿＿＿、＿＿＿＿＿＿、＿＿＿＿＿＿、＿＿＿＿＿＿、＿＿＿＿＿＿几个方面。

16. 金融企业主要是指＿＿＿＿＿＿、＿＿＿＿＿＿、＿＿＿＿＿＿和其他金融机构。

17. 政府与事业单位是指政府各部门及各种不以营利为目的的事业单位，如＿＿＿＿＿＿＿＿＿＿＿＿＿＿＿＿＿＿＿＿＿＿＿＿＿＿等。

基础能力训练

一、单项选择题

1. 一般认为，会计的本质是（　　）。
   A. 一种经济管理活动　　　　　B. 一个信息系统
   C. 经济管理的工具　　　　　　D. 从事会计工作的人员

2. 会计以（　　）为主要计量单位。
   A. 实物　　　　B. 货币　　　　C. 劳动力　　　　D. 价格

3. 会计基本职能一般包括（　　）。
   A. 会计计划与会计决策　　　　B. 会计预测与会计控制
   C. 会计控制与会计决策　　　　D. 会计核算与会计监督

4. 会计最基本的职能是（　　）。
   A. 会计控制　　B. 会计核算　　C. 会计监督　　D. 会计分析

5. 会计以货币为主要计量单位，通过确认、计量、记录、报告等环节，对特定主体的经济活动进行记账、算账、报账，为各有关方面提供会计信息的功能称为（　　）。
   A. 会计核算职能　　　　　　　B. 会计监督职能

C. 会计控制职能　　　　　　　　　D. 会计预测职能
6. 会计核算的主要计量单位是(　　)。
   A. 实物量度　　B. 劳动量度　　C. 货币量度　　D. 时间量度
7. 会计人员在进行会计核算的同时,对特定主体的经济活动的合法性、合理性进行审查称为(　　)。
   A. 会计控制职能　　　　　　　　　B. 会计核算职能
   C. 会计监督职能　　　　　　　　　D. 会计分析职能
8. 下列关于会计监督的说法不正确的是(　　)。
   A. 对特定主体的经济活动的合法性、合理性进行审查
   B. 主要通过价值指标来进行
   C. 包括事前监督、事中监督和事后监督
   D. 会计核算是会计监督质量的保障
9. 会计学按其服务对象的不同,可以分为(　　)。
   A. 财务会计和管理会计　　　　　　B. 成本会计和财务会计
   C. 管理会计和审计　　　　　　　　D. 财务会计和审计
10. 下列选项中,不属于会计核算方法的是(　　)。
    A. 复式记账　　　　　　　　　　B. 编制会计报表
    C. 财产清查　　　　　　　　　　D. 成本分析
11. 对会计期间发生的经济业务进行核算时,处于核算起点的是(　　)。
    A. 成本计算　　　　　　　　　　B. 编制会计报表
    C. 填制会计凭证　　　　　　　　D. 登记账簿
12. 对会计期间发生的经济业务进行核算时,处于核算中心环节的是(　　)。
    A. 成本计算　　B. 编制会计报表　　C. 填制会计凭证　　D. 登记账簿
13. 对会计期间发生的经济业务进行核算时,处于核算终点的是(　　)。
    A. 成本计算　　B. 编制会计报表　　C. 填制会计凭证　　D. 登记账簿
14. "会计"一词最早出现在我国(　　)。
    A. 西周　　　　B. 秦汉　　　　C. 唐宋　　　　D. 明清
15. 下列选项中,不属于会计核算方法的是(　　)。
    A. 复式记账　　B. 成本计算　　C. 登记账簿　　D. 编制计划
16. 下列关于会计核算与会计监督的说法正确的是(　　)。
    A. 两者之间没有关系　　　　　　B. 会计监督是会计核算的基础
    C. 会计核算是会计监督的保证　　D. 会计核算是会计监督的基础

二、多项选择题

1. 下列关于会计的说法正确的是( )。
   A. 本质上是一种经济管理活动　　　　B. 以货币为主要计量单位
   C. 针对特定主体的经济活动　　　　　D. 对经济活动进行核算和监督
2. 会计基本职能一般包括( )。
   A. 会计决策　　B. 会计监督　　C. 会计控制　　D. 会计核算
3. 会计除具有会计核算和会计监督两个基本职能外，还具有( )等拓展职能。
   A. 会计分析　　B. 会计控制　　C. 会计预测　　D. 会计决策
4. 会计核算职能是指会计以货币为主要计量单位，通过( )等环节，对特定主体的经济活动进行记账、算账、报账。
   A. 确认　　　　B. 记录　　　　C. 计量　　　　D. 报告
5. 会计采用的计量单位有( )。
   A. 实物量度　　B. 劳动量度　　C. 货币量度　　D. 时间量度
6. 企业应根据《企业会计准则》的要求设置会计科目和账户、复式记账和( )。
   A. 填制会计凭证　　　　　　　　B. 登记会计账簿
   C. 进行成本计算　　　　　　　　D. 进行财产清查

三、能力判断题

1. 会计是以货币为唯一的计量单位，反映和监督特定主体的经济活动的一种管理活动。( )
2. 会计不仅具有核算和监督的基本职能，还具有预测经济前景、参与经济决策、评价经营业绩等拓展职能。( )
3. 会计的职能就是会计核算和会计监督，会计核算是会计最基本的职能。( )
4. 我国企业会计主要采用的计量单位可以是货币计量单位也可以是实物计量单位。( )
5. 会计监督是一种事后监督。( )
6. 会计核算职能与会计监督职能是相辅相成的，会计核算是会计监督的基础，会计监督是会计核算的保证。( )

提升能力训练

一、单项选择题

1. 管理会计是会计的重要分支,主要服务于(　　)管理需要,以财务信息为基础,是通过利用相关信息,有机融合财务与业务活动,在单位规划、决策、控制、评价等方面发挥重要作用的管理活动。
   A. 单位外部　　　B. 单位内部　　　C. 政府部门　　　D. 投资者

2. 《中华人民共和国注册会计师法》规定,具有(　　)以上学历的人,可以申请参加注册会计师全国统一考试。
   A. 高中毕业　　　　　　　　　　　B. 大专毕业
   C. 本科毕业　　　　　　　　　　　D. 硕士研究生毕业

3. 注册会计师考试为(　　)考试。
   A. 全世界统一　　B. 全国统一　　　C. 各省统一　　　D. 各市统一

二、多项选择题

1. 下列选项中,属于现代会计职能的有(　　)。
   A. 会计核算　　　B. 会计监督　　　C. 会计预测　　　D. 会计决策

2. 会计核算的特点包括(　　)。
   A. 准确性　　　　B. 完整性　　　　C. 连续性　　　　D. 系统性

3. 会计的作用可以概括为(　　)。
   A. 保护单位财产安全和完整　　　　B. 提供决策有用的会计信息
   C. 加强经济核算,提高经济效益　　D. 提供统计资料和统计咨询意见

4. 下列选项中,属于会计核算方法的有(　　)。
   A. 成本计算　　　B. 会计分析　　　C. 复式记账　　　D. 会计账簿

5. 会计监督方法是指以《中华人民共和国会计法》和有关财经法规为依据,对(　　)等会计资料进行检查的方法。
   A. 会计凭证　　　B. 会计账簿　　　C. 会计报表　　　D. 会计方法

6. 单位会计职业岗位主要有(　　)。
   A. 企业会计岗位　　　　　　　　　B. 金融企业会计岗位
   C. 政府、事业单位会计岗位　　　　D. 社会团体的会计岗位

7. 公司的会计岗位一般分为(　　)。
   A. 财务会计岗位　　　　　　　　B. 成本和管理会计岗位
   C. 财务管理岗位　　　　　　　　D. 内部审计岗位
8. 公共会计的基本职能包括(　　)。
   A. 核算　　　　B. 监督　　　　C. 评价　　　　D. 鉴证
9. 从事注册会计师职业,必须符合的要求有(　　)。
   A. 取得注册会计师考试全科合格证
   B. 在会计师事务所从事审计工作两年以上
   C. 具有硕士研究生学历证书
   D. 申请注册取得注册会计师执业资格

三、能力判断题

1. 会计方法是实现会计职能、发挥会计作用和达到会计目的的手段与措施。会计方法就是会计核算方法,由七种专门方法组成。(　　)
2. 公共会计职业俗称"管会计的",注册会计师属于从事公共会计的人员。(　　)
3. 会计的监督职能就是会计人员在进行会计核算的同时,对特定主体的经济活动的合法性、合理性进行审查。(　　)
4.《中华人民共和国注册会计师法》规定,具有高等专科以上学历或者具有会计或相关专业中级以上技术职称的人员,可以报名参加注册会计师全国统一考试。(　　)

专业应用能力训练

2019年8月,健达公司总经理李云以加强对公司财务部的管理为由,将自己亲戚的儿子刘恒调入该公司财务部担任出纳,登记库存现金和银行存款日记账,并兼管会计档案。刘恒到公司财务部工作后,经过自己的努力,取得了初级会计师职业资格证书。2020年9月,总经理李云即任命刘恒为该公司财务部经理,全面主持该公司财务部工作。

要求:请指出上述情况中,哪些行为不符合国家规定,并说明理由。

项目二

熟记会计要素

知识认知能力训练

1. 资金运动包括各特定对象的_____、_____、_____等过程。
2. 会计对象就是指会计_____和_____的具体内容,即单位_____的过程和结果。
3. 我国企业会计的会计要素共分为_____、_____、_____、_____、_____和_____六项。
4. 资产是指_____、_____、_____的资源。
5. 固定资产是指具有以下特征的有形资产:
   (1)_____;
   (2)_____。
6. 会计要素是指对_____进行的基本分类,是_____的具体化;也是对单位的_____进行具体分类,它是会计对象最_____的组成部分。
7. 流动资产是指预计在_____变现、出售或耗用,或者主要为_____目的而持有的资产等。流动资产主要包括_____、_____、_____、_____等。
8. 非流动资产包括_____、_____、_____、_____等。
9. 无形资产包括_____、_____、_____、_____等。
10. 负债按其流动性分为_____和_____。
11. 负债是指过去的交易或者事项形成的、预期会导致经济利益流出企业的_____义务。
12. 流动负债包括_____、_____、_____、_____、_____、_____、_____等。

13. 非流动负债是指流动负债以外的债务，包括_____、_____、_____等。
14. 所有者权益又称为_____，是指企业资产扣除负债后由所有者享有的_____。公司的所有者权益又称为_____。
15. 留存收益包括_____和_____。
16. 所有者权益包括_____、_____、_____、_____等。
17. 收入是指企业在_____、_____经济利益的总流入。
18. 费用是指企业在_____、_____经济利益的总流出。
19. 按日常活动在企业中所处的地位，收入分为_____和_____。
20. 费用通常由_____和_____两部分组成。
21. 利润是指企业在_____。利润包括_____、_____等。
22. 利润主要包括_____、_____、_____。
23. 反映财务状况的会计要素包括_____、_____、_____。
24. 反映经营成果的会计要素包括_____、_____、_____。
25. 会计基本等式为_____。
26. 收入、费用、利润的会计等式为_____。
27. 全部会计要素之间的关系为_____。

基础能力训练

一、单项选择题

1. 会计核算和监督的内容是特定主体的(　　)。
   A. 经济活动　　　B. 实物运动　　　C. 资金运动　　　D. 经济资源
2. 会计对象是(　　)。
   A. 生产经营过程　　　　　　　　B. 企业所有的以货币表现的经济活动
   C. 会计主体　　　　　　　　　　D. 资金运动的数量方面
3. (　　)是对会计对象的基本分类。
   A. 会计科目　　　B. 会计原则　　　C. 会计要素　　　D. 会计方法

4. 会计要素中的资产、负债和所有者权益是企业财务状况的( )。
   A. 动态反映　　　　B. 直接反映　　　　C. 静态反映　　　　D. 一般反映
5. 资产是指企业过去的交易或者事项形成的、由企业拥有或控制的、预期会给企业带来( )的资源。
   A. 经济利益　　　　B. 经济资源　　　　C. 经济效果　　　　D. 经济效益
6. 下列各项中,应确认为企业资产的有( )。
   A. 购入的无形资产　　　　　　　　B. 已霉烂变质无使用价值的存货
   C. 水灾导致提前报废的一台设备　　D. 计划下月购入的材料
7. 资产按( )标准分为流动资产和非流动资产。
   A. 货币形态　　　　B. 流动性　　　　C. 实物形态　　　　D. 经济内容
8. 流动资产是指变现或耗用期限在( )的资产。
   A. 一年以内
   B. 一个营业周期以内
   C. 一年以内或超过一年的一个营业周期以内
   D. 超过一年的一个营业周期
9. 下列项目中,属于企业的流动资产的是( )。
   A. 存货　　　　B. 厂房　　　　C. 机器设备　　　　D. 专利权
10. 下列项目中,属于企业的流动资产的是( )。
    A. 机器设备　　　　B. 原材料　　　　C. 商标权　　　　D. 预收账款
11. 下列项目中,不属于企业的流动资产的是( )。
    A. 原材料　　　　　　　　B. 交易性金融资产
    C. 应收账款　　　　　　　D. 预收账款
12. 下列项目中,不属于无形资产的是( )。
    A. 土地使用权　　　B. 应收票据　　　C. 商标权　　　　D. 特许权
13. 负债按( )标准分为流动负债和非流动负债。
    A. 偿还方式　　　　B. 时间长短　　　C. 流动性　　　　D. 负债的目的
14. 下列项目中,属于流动负债的是( )。
    A. 应收账款　　　　B. 长期负债　　　C. 应交税费　　　D. 预付账款
15. 下列项目中,不属于流动负债的是( )。
    A. 应付利息　　　　B. 应付债券　　　C. 应交税费　　　D. 短期借款
16. 所有者权益在数量上等于( )。
    A. 全部资产减去全部负债后的净额
    B. 所有者的投资
    C. 实收资本与资本公积之和
    D. 实收资本与未分配利润之和

17. 广义的权益一般包括( )。
    A. 资产和所有者权益　　　　　　　　B. 债权人权益和所有者权益
    C. 所有者权益　　　　　　　　　　　D. 资产和债权人权益

18. 下列项目中,属于所有者权益的是( )。
    A. 长期借款　　B. 银行存款　　C. 预收账款　　D. 实收资本

19. 企业在日常活动中形成的、会导致所有者权益增加的、与所有者投入资本无关的经济利益的总流入称为( )。
    A. 资产　　　　B. 利得　　　　C. 收入　　　　D. 利润

20. 下列各项中,不属于收入要素内容的是( )。
    A. 销售商品取得的收入　　　　　　　B. 销售材料取得的收入
    C. 出租固定资产取得的收入　　　　　D. 营业外收入

21. 下列项目中,属于主营业务收入的是( )。
    A. 销售原材料取得的收入　　　　　　B. 销售商品取得的收入
    C. 车间制造费用　　　　　　　　　　D. 接受捐赠的收入

22. 由企业非日常活动所发生的、会导致所有者权益减少的、与向所有者分配利润无关的经济利益的流出称为( )。
    A. 费用　　　　B. 损失　　　　C. 负债　　　　D. 所有者权益

23. 下列各项中,不属于费用要素内容的是( )。
    A. 销售费用　　B. 管理费用　　C. 财务费用　　D. 预付账款

24. 营业外收入包括( )。
    A. 销售材料收入　　　　　　　　　　B. 罚款收入
    C. 投资收益　　　　　　　　　　　　D. 销售产品收入

25. 营业外支出不包括( )。
    A. 广告费支出　　　　　　　　　　　B. 罚款支出
    C. 固定资产盘亏支出　　　　　　　　D. 捐赠支出

26. 最基本的会计等式是( )。
    A. 资产 = 负债 + 所有者权益
    B. 期初余额 + 本期增加额 – 本期减少额 = 期末余额
    C. 收入 – 费用 = 利润
    D. 资产 = 负债 + 所有者权益 + (收入 – 费用)

27. 复式记账、账户试算平衡和编制资产负债表的理论依据是( )。
    A. 资产 = 负债 + 所有者权益 + (收入 – 费用)
    B. 资产 = 负债 + 所有者权益 + 利润
    C. 资产 = 负债 + 所有者权益
    D. 收入 – 费用 = 利润

28. 经济业务发生仅涉及资产这一要素变动时,则必然引起该要素中某些项目发生( )。

  A. 同增变动　　　　　　　　　B. 同减变动
  C. 一增一减变动　　　　　　　D. 不变动

29. 下列项目中,引起资产有增有减的经济业务是( )。

  A. 向银行取得借款存入银行存款户
  B. 以现金支付职工工资
  C. 收回赊销货款存入银行存款户
  D. 收到投资者投入的货币资金

30. 下列经济业务中,只能引起同一个会计要素内部增减变动的业务是( )。

  A. 取得借款存入银行　　　　　B. 用银行存款归还前欠货款
  C. 用银行存款购买材料　　　　D. 赊购原材料

31. 下列项目中,引起所有者权益有增有减的经济业务是( )。

  A. 收到国家投入的固定资产　　B. 以银行存款偿还长期借款
  C. 将资本公积转增资本　　　　D. 以厂房向外单位投资

32. 一项资产增加、一项负债增加的经济业务发生后,会使资产与权益原来的总额( )。

  A. 发生同增的变动　　　　　　B. 发生同减的变动
  C. 不会变动　　　　　　　　　D. 发生不等额变动

33. 下列项目中,引起资产和负债同时增加的经济业务是( )。

  A. 以银行存款购买材料　　　　B. 向银行借款存入银行存款户
  C. 以无形资产向外单位投资　　D. 以银行存款偿还应付账款

34. 以银行存款缴纳税金,所引起的变动为( )。

  A. 一项资产减少,一项所有者权益减少
  B. 一项资产减少,一项负债减少
  C. 一项所有者权益增加,一项负债减少
  D. 一项资产增加,另一项资产减少

35. 某企业月初权益总额为 80 万元,假定本月仅发生一笔以银行存款 10 万元偿还银行借款的经济业务,则该企业月末资产总额为( )万元。

  A. 80　　　　B. 90　　　　C. 100　　　　D. 70

36. 某企业资产总额为 600 万元,发生以下经济业务:(1)收到某单位投资 40 万元,存入银行;(2)以银行存款购入材料 12 万元;(3)以银行存款偿还银行借款 10 万元。上述业务发生后,企业资产总额应为( )。

  A. 636 万元　　B. 628 万元　　C. 648 万元　　D. 630 万元

二、多项选择题

1. 会计对象的三个层次是(   )。
   A. 资金运动　　　B. 会计要素　　　C. 会计科目　　　D. 会计凭证
2. 下列各项中,属于反映企业财务状况的静态要素的有(   )。
   A. 资产　　　　　B. 负债　　　　　C. 利润　　　　　D. 所有者权益
3. 下列各项中,属于反映企业经营成果的动态要素的有(   )。
   A. 收入　　　　　B. 费用　　　　　C. 利润　　　　　D. 负债
4. 关于资产的确认,下列说法不正确的有(   )。
   A. 预期能为企业提供未来经济利益的资源
   B. 必须是企业所拥有的
   C. 必须是具有实物形态的
   D. 包括未来将要取得的资产
5. 下列各项中,能够确认为企业资产的有(   )。
   A. 经营租入的固定资产　　　　　B. 购入的工程物资
   C. 银行存款　　　　　　　　　　D. 融资租入的固定资产
6. 下列项目中,属于资产要素的有(   )。
   A. 无形资产　　　B. 在途物资　　　C. 预收账款　　　D. 预付账款
7. 货币资金包括(   )。
   A. 库存现金　　　　　　　　　　B. 银行存款
   C. 其他货币资金　　　　　　　　D. 银行借款
8. 下列项目中,属于所有者权益的有(   )。
   A. 实收资本　　　B. 盈余公积　　　C. 资本公积　　　D. 未分配利润
9. 下列各项工作以会计恒等式为理论基础的有(   )。
   A. 复式记账　　　　　　　　　　B. 成本计算
   C. 编制资产负债表　　　　　　　D. 试算平衡
10. 下列各项经济业务中,会引起会计等式左右两边会计要素变动的有(   )。
    A. 收到某单位前欠货款20 000元,存入银行
    B. 以银行存款偿还银行借款
    C. 收到某单位投入机器设备一台,价值80万元
    D. 以银行存款购买材料8 000元
11. 下列经济业务发生后,资产和权益总额不变的项目有(   )。
    A. 以银行存款5 000元偿还前欠购料款
    B. 从银行取得借款20 000元,存入银行

C. 以银行存款 3 000 元购买材料

D. 从银行提取现金 800 元

12. 下列各项中,正确的经济业务类型有( )。

A. 一项资产增加,一项所有者权益减少

B. 资产与负债同时增加

C. 一项负债减少,一项所有者权益减少

D. 资产与所有者权益同时增加

三、能力判断题

1. 会计对象是指企业发生的全部经济活动。 ( )
2. 资金的循环与周转就是从货币资金开始依次转化为储备资金、生产资金、成品资金,最后又回到货币资金的过程。 ( )
3. 预收账款和预付账款均属于负债。 ( )
4. 应付账款、应付票据、应付债券、应付股利都属于流动负债。 ( )
5. 从数量上看,所有者权益等于企业全部资产减去全部负债后的余额。 ( )
6. 收入要素包括主营业务收入、其他业务收入、营业外收入。 ( )
7. 净利润等于利润总额减去所得税费用。 ( )
8. "资产 = 负债 + 所有者权益"这一会计等式被称为静态会计等式。 ( )
9. 会计基本等式所体现的平衡关系原理是设置账户、进行复式记账和编制各种财务报表的理论依据。 ( )
10. "收入 – 费用 = 利润"反映的是资金运动的动态方面,反映的是某一会计期间的经营成果,是编制利润表的依据。 ( )
11. 一项经济业务的发生引起负债的增加和所有者权益的减少,会计基本等式的平衡关系没有被破坏。 ( )
12. 企业接受投资者投入实物资产,会引起资产和所有者权益同时增加。 ( )

提升能力训练

一、单项选择题

1. 会计的对象就是资金运动,但具体化的会计对象指的是( )。

A. 会计要素 B. 会计科目 C. 资产负债 D. 会计账户

2. 2006年2月15日财政部发布的《企业会计准则——基本准则》明确表示了(　　)大会计要素。

  A. 五   B. 六   C. 八   D. 十二

3. 下列关于固定资产的说法错误的是(　　)。

  A. 固定资产的价值超过1 000元

  B. 固定资产是为生产商品、提供劳务、出租或经营管理而持有的资产

  C. 固定资产使用寿命超过一个会计年度

  D. 固定资产是具有实物形态的资产

4. 下列说法不正确的是(　　)。

  A. 负债是由过去的交易或事项形成的现时义务

  B. 负债将导致经济利益流出企业

  C. 流动负债是指将在一年或超过一年的一个营业周期内偿还的债务

  D. 负债只能以货币偿还

5. 下列关于所有者权益的表述中,不正确的是(　　)。

  A. 所有者权益又称净资产,是指企业资产扣除负债后由所有者享有的剩余权益

  B. 所有者权益的来源包括投资者投入的资本、债权人投入的资本、留存收益等

  C. 企业不需要偿还所有者权益,除非发生减资清算

  D. 权益分为债权人权益和所有者权益,而债权人权益优先于所有者权益

6. 下列费用中,不属于期间费用的是(　　)。

  A. 企业生产部门发生的差旅费

  B. 企业发生的业务招待费

  C. 企业专设销售机构发生的各项经费

  D. 企业为筹集资金而发生的有关费用

7. 营业利润不包括(　　)。

  A. 其他业务收入   B. 管理费用

  C. 税金及附加   D. 营业外收入

8. 下列等式中,揭示了企业财务状况与经营成果之间的相互关系的是(　　)。

  A. 资产 + 收入 = 费用 + 负债 + 所有者权益

  B. 资产 = 负债 + 所有者权益

  C. 收入 - 费用 = 利润

  D. 资产 + 费用 = 负债 + 所有者权益 + 收入

9. 某企业采购员预借差旅费,所引起的变动为(　　)。

  A. 一项资产减少,一项负债增加   B. 一项资产增加,另一项资产减少

  C. 一项资产减少,一项负债减少   D. 一项负债增加,另一项负债减少

10. 开出应付票据抵付应付账款,所引起的变动为( )。
    A. 一项资产减少,一项负债减少
    B. 一项资产增加,一项负债增加
    C. 一项所有者权益增加,另一项所有者权益减少
    D. 一项负债增加,另一项负债减少
11. 下列项目中,引起负债有增有减的经济业务是( )。
    A. 以银行存款偿还银行借款　　B. 开出应付票据抵付应付账款
    C. 以银行存款上缴税金　　　　D. 收到外商捐赠的设备
12. 下列项目中,引起负债和所有者权益有增有减的经济业务是( )。
    A. 购入材料,货款未付　　　　B. 以银行存款偿还应付账款
    C. 从税后利润中提取盈余公积　D. 将应付债券转作实收资本
13. 下列项目中,引起资产和负债同时减少的经济业务是( )。
    A. 以银行存款支付前欠货款　　B. 以现金支付办公费
    C. 购买材料,货款尚未支付　　D. 收回应收账款存入银行

二、多项选择题

1. 会计对象是( )。
    A. 再生产过程中的资金运动　　B. 会计核算和监督的内容
    C. 能以货币表现的经济活动　　D. 货币的运动过程
2. 下列活动不需要进行会计核算的有( )。
    A. 订立经济合同　　　　　　　B. 确定企业投资方案
    C. 制订财务收支计划　　　　　D. 以实物形式发放职工福利
3. 资金运动包括各特定对象的( )过程。
    A. 资金投入　　B. 资金运用　　C. 资金退出　　D. 资金管理
4. 制造业企业的生产经营活动经过( )三个阶段。
    A. 筹资过程　　B. 供应过程　　C. 生产过程　　D. 销售过程
5. 制造业资金的形态有( )。
    A. 货币资金　　B. 储备资金　　C. 生产资金　　D. 成品资金
6. 下列项目中,表现资金运动相对静止状态的要素有( )。
    A. 资产　　　　B. 收入　　　　C. 费用　　　　D. 所有者权益
7. 下列会计要素中,能够体现企业资金运动动态表现的有( )。
    A. 所有者权益　B. 费用　　　　C. 资产　　　　D. 利润

8. 资产应具备的基本特征包括(　　)。
    A. 资产是由企业拥有或控制的
    B. 资产由企业过去的交易或事项形成
    C. 资产必须是投资者投入的
    D. 资产预期会为企业带来经济利益

9. 下列项目中,属于流动资产的有(　　)。
    A. 购入的土地使用权
    B. 购入的原材料
    C. 企业为购买材料预付的购货款
    D. 企业因销售商品预收的销货款

10. 下列项目中,属于企业资产的有(　　)。
    A. 应收账款　　　　　　　　B. 应付账款
    C. 预收账款　　　　　　　　D. 预付账款

11. 下列项目中,属于存货的有(　　)。
    A. 原材料　　　　　　　　　B. 库存商品
    C. 在产品　　　　　　　　　D. 在途物资

12. 下列项目中,属于非流动资产的有(　　)。
    A. 长期股权投资　　　　　　B. 固定资产
    C. 交易性金融资产　　　　　D. 无形资产

13. 下列项目中,属于固定资产的有(　　)。
    A. 厂部办公大楼　　　　　　B. 运输用卡车
    C. 生产用机器设备　　　　　D. 三年期债券

14. 下列项目中,属于流动负债的有(　　)。
    A. 预收账款　　　　　　　　B. 预付账款
    C. 应交税费　　　　　　　　D. 应付债券

15. 下列项目中,属于非流动负债的有(　　)。
    A. 长期借款　　　　　　　　B. 应付债券
    C. 应付利息　　　　　　　　D. 长期应付款

16. 权益是指企业外部利益主体对企业资产的要求权,包括(　　)。
    A. 所有者权益　　　　　　　B. 社会公众权益
    C. 债权人权益　　　　　　　D. 政府权益

17. 资本公积包括(　　)项目。
    A. 资本溢价
    B. 直接计入所有者权益的利得和损失
    C. 直接计入损益的利得和损失

D. 盈余公积

18. 下列项目中,构成企业留存收益的有( )。
    A. 资本溢价   B. 未分配利润
    C. 任意盈余公积   D. 法定盈余公积

19. 下列项目中,属于制造业企业其他业务收入的有( )。
    A. 包装物出租收入   B. 商品销售收入
    C. 材料销售收入   D. 无形资产使用权转让收入

20. 下列项目中,属于费用要素特点的有( )。
    A. 企业在日常活动中发生的经济利益的总流出
    B. 会导致所有者权益减少
    C. 与向所有者分配利润无关
    D. 会导致所有者权益增加

21. 下列项目中,属于企业发生费用可能产生的结果的有( )。
    A. 资产增加   B. 负债增加
    C. 资产减少   D. 负债减少

22. 下列费用中,应计入产品成本的有( )。
    A. 直接材料费用   B. 直接人工费用
    C. 车间间接费用   D. 行政管理部门费用

23. 下列费用中,属于期间费用的有( )。
    A. 财务费用   B. 管理费用   C. 制造费用   D. 销售费用

24. 下列项目中,影响利润金额计量的有( )。
    A. 资产
    B. 收入
    C. 费用
    D. 直接计入当期损益的利得或者损失

25. 利润分为( )。
    A. 毛利润   B. 营业利润
    C. 利润总额   D. 净利润

26. 下列项目中,影响营业利润的因素有( )。
    A. 营业收入   B. 营业成本   C. 税金及附加   D. 期间费用

27. 利润总额包括( )。
    A. 投资收益   B. 营业外收入
    C. 营业外支出   D. 所得税费用

28. 下列各项经济业务中,会引起资产和所有者权益同时增加的有( )。
    A. 收到国家投资存入银行   B. 提取盈余公积金

  C. 收到外单位投入设备一台   D. 将资本公积转增资本
29. 若一项经济业务发生后引起银行存款减少 5 000 元,则相应地有可能引起(　　)。
  A. 固定资产增加 5 000 元   B. 短期借款增加 5 000 元
  C. 库存现金增加 5 000 元   D. 应付账款减少 5 000 元

三、能力判断题

1. 会计对象是指会计核算和监督的具体内容,即单位能用货币表现的经济活动的过程和结果。(　　)
2. 资金就是财产物资的货币表现,资金随着经营活动的不断变化称为价值运动或资金运动。(　　)
3. 会计要素是对会计对象进行的基本分类。(　　)
4. 会计对象的第一层次是资金运动,第二层次是会计要素,第三层次是会计科目。(　　)
5. 财务状况是指企业一定时期的资产和权益的情况,是资金运动的动态表现。(　　)
6. 经营成果是指企业在一定时期内从事生产经营活动所取得的最终成果,是资金运动的动态表现。(　　)
7. 资产是指企业现时的交易或者事项形成的、由企业拥有或者控制的、预期会给企业带来经济利益的资源。(　　)
8. 没有交换价值和使用价值的物品,不能给企业带来未来效益,不能作为资产确认。(　　)
9. 资产按实物形态可分为流动资产和非流动资产。(　　)
10. 固定资产是指使用寿命超过一年的资产。(　　)
11. 无形资产是一种不存在实物形态的经济资源。(　　)
12. 应收款和预收款是资产,应付款和预付款是负债。(　　)
13. 负债通常在未来某一日期清偿,负债有确切的收款人和偿还日期。(　　)
14. 负债偿还的方式有:以资产偿还,以劳务偿还,或者两者兼而有之。(　　)
15. 长期负债的偿还期均在一年以上,流动负债的偿还期均在一年以内。(　　)
16. 从数量上看,资产与权益等于企业全部资产减去全部负债后的余额。(　　)
17. 企业获取资产的渠道有两条:一是由企业所有者投资形成,二是由债权人贷款形成。(　　)
18. 实收资本是指所有者投入的构成企业注册资本或股本部分的金额。(　　)
19. 根据收入要素的确认标准,凡是与企业日常经营活动无关的收入,均不属于收入要

素的内容。（   ）

20. 旅行社代收客户的购票款不属于收入。（   ）

21. 费用按照功能不同，可以分为营业成本和间接费用。（   ）

22. 期间费用是指不能计入产品成本，而应直接计入当期损益，从当期利润中扣除的费用，例如管理费用、销售费用和制造费用。（   ）

23. 销售费用包括为销售本企业商品而专设的销售机构的职工薪酬、业务费、折旧费。（   ）

24. 收入、费用和利润能够集中反映企业在特定日期的经营成果。（   ）

25. 利润是收入与成本配比相抵后的差额，是经营的最终成果。（   ）

26. 《企业会计准则》规定，企业取得的捐赠利得应计入营业外收入。（   ）

27. 企业所有的利得和损失均应计入当期损益。（   ）

28. "资产＝负债＋所有者权益"体现了企业资金运动过程中某一特定时期的资产分布和权益构成。（   ）

29. 会计对象各要素之间的平衡关系可用公式表示为：收入－费用＝利润，它通常被称为会计恒等式。（   ）

30. 任何经济业务发生后，均会引起资产和权益同时发生增减变化，但资产和权益在数量上始终相等。（   ）

专业应用能力训练

1. 练习资产、负债、所有者权益的分类。

要求：根据下表中项目内容，区分资产、负债、所有者权益，在对应的单元格中打"√"。

资产、负债、所有者权益的分类

序号	项　目	资产	负债	所有者权益
1	生产车间使用的机器设备 200 000 元			
2	存在银行的款项 126 000 元			
3	应付光明工厂的款项 45 000 元			
4	国家投入的资本 520 000 元			
5	尚未缴纳的税金 7 000 元			
6	财会部门库存现金 500 元			
7	应收东风工厂货款 23 000 元			
8	库存生产用 A 材料 147 500 元			
9	运输用的卡车 60 000 元			
10	管理部门使用的计算机 30 000 元			

续表

序号	项 目	资产	负债	所有者权益
11	其他单位投入的资本 304 500 元			
12	预付黄河工厂购货款 4 000 元			
13	向银行借入的短期借款 100 000 元			
14	生产车间用厂房 270 000 元			
15	企业提取的盈余公积 16 400 元			
16	本月实现的利润 40 000 元			
17	已完工入库的产成品 54 000 元			
18	应付给工会的经费 700 元			
19	生产甲产品的专利权 25 000 元			

2. 确认下列各项属于哪类会计要素(资产、负债、所有者权益、收入、费用、利润)。

(1) 厂部办公大楼(　　　)

(2) 运输汽车(　　　)

(3) 广告费(　　　)

(4) 应付给供货方的票据款(　　　)

(5) 应付给供货单位的材料款(　　　)

(6) 预收的货物订金(　　　)

(7) 还未上缴的税金(　　　)

(8) 存在开户银行的存款(　　　)

(9) 向银行借入的短期借款(　　　)

(10) 仓库中的商品(　　　)

(11) 已经实现的产品销售收入(　　　)

(12) 厂部发生的办公费(　　　)

(13) 银行借款的利息支出(　　　)

(14) 为生产产品购入的原材料(　　　)

(15) 应发给职工的工资款(　　　)

(16) 从利润中提取的公积金(　　　)

(17) 由出纳人员保管的现金(　　　)

(18) 以前年度留存企业的尚未分配的利润(　　　)

3. 掌握会计要素之间的相互关系。

假设某企业 2020 年 12 月 31 日资产、负债和所有者权益的情况如下表所示。

某企业2020年12月31日资产、负债和所有者权益

资　产	金　额/元	负债和所有者权益	金　额/元
库存现金	1 000	短期借款	10 000
银行存款	27 000	应付账款	32 000
应收账款	35 000	应交税费	9 000
原材料	52 000	长期借款	B
长期股权投资	A	实收资本	240 000
固定资产	200 000	资本公积	23 000
合　计	375 000	合　计	C

要求：

（1）计算表中的A、B、C。

A =　　　　　　　　B =　　　　　　　　C =

（2）计算该企业的流动资产总额。

流动资产 =

（3）计算该企业的流动负债总额。

流动负债 =

（4）计算该企业的净资产总额。

净资产 =

4．掌握经济业务的类型及其对会计等式的影响。

财东公司2020年8月31日的资产负债表显示资产总计375 000元,负债总计112 000元,该公司2020年9月发生如下经济业务：

（1）用银行存款购入全新机器一台,价值30 000元。

（2）投资人投入原材料,价值10 000元。

（3）以银行存款偿还所欠供应单位账款5 000元。

（4）收到购货单位所欠账款8 000元,存入银行。

（5）将一笔长期负债50 000元转为对企业的投资。

（6）按规定将20 000元资本公积转为实收资本。

要求：

（1）根据2020年9月发生的经济业务,说明经济业务对会计要素的影响。

经济业务对会计要素的影响

单位：元

业务编号	会计要素项目及数量关系		
	资产 375 000	负债 112 000	所有者权益 263 000
（1）	固定资产 + 30 000 银行存款 − 30 000		
（2）			
（3）			
（4）			
（5）			
（6）			
期末余额			

（2）计算 2020 年 9 月末财东公司的资产总额、负债总额和所有者权益总额。

项目三

运用账户与复式记账

知识认知能力训练

1. 会计科目是对会计要素按_____和会计管理要求进一步分类后形成的项目,是对会计要素的具体内容进行分类核算的项目,也是账户的_____。

2. 会计科目的设置原则是_____、_____、_____。

3. 合法性原则是指所设置的会计科目应当符合_____的规定。

4. _____是指在合法的基础上,应根据企业自身的特点,设置符合企业需要的会计科目。

5. 在实际工作中,_____是由国家财政部统一规定的,企业主管部门可在财政部规定的范围内根据本行业的_____进行增设或合并。

6. 会计子目、细目除统一规定外,企业可根据本单位_____、_____、_____等实际情况自行设置。

7. 会计科目按经济业务内容分为_____、_____、_____、_____、_____、_____六大类。

8. 会计科目按_____分为总分类科目、子目、细目。

9. _____是会计对象具体内容总括分类项目,亦称_____。

10. _____是根据会计科目设置的,具有一定的_____和_____,用于分类反映_____情况及其结果的记账单元。

11. _____是会计账户的名称。_____没有结构,_____有结构。

12. 账户的基本结构内容有_____、_____、_____、增加和减少的金额及余额、_____。

13. 为了清晰地反映经济业务的增减变动,通常将账户分为_____、_____两方,分别登记_____和_____,至于哪一方记增加,哪一方记减少,则取决于采用的记账方法和该账户所记录的经济内容。

14. 账户按其反映的经济业务的内容不同,分为_____、_____、

＿＿＿＿＿＿、成本类账户、＿＿＿＿＿＿、共同类账户六大类。

15. 资产类账户是反映企业资产增减变动和结余情况的账户，按照资产的＿＿＿＿＿＿分为两类：反映流动资产的账户、反映非流动资产的账户。

16. 列举五个反映流动资产的账户：＿＿＿＿＿＿、＿＿＿＿＿＿、＿＿＿＿＿＿、＿＿＿＿＿＿、＿＿＿＿＿＿。

17. 列举五个反映非流动资产的账户：＿＿＿＿＿＿、＿＿＿＿＿＿、＿＿＿＿＿＿、＿＿＿＿＿＿、＿＿＿＿＿＿。

18. 负债类账户是反映企业＿＿＿＿＿＿和＿＿＿＿＿＿的账户，按负债的偿还期限分为两类：＿＿＿＿＿＿、＿＿＿＿＿＿。

19. 所有者权益类账户是反映企业所有者权益增减变动和结余情况的账户，包括＿＿＿＿＿＿、＿＿＿＿＿＿、＿＿＿＿＿＿、＿＿＿＿＿＿等账户。

20. 账户按用途和结构分类，可分为＿＿＿＿＿＿、＿＿＿＿＿＿、＿＿＿＿＿＿、＿＿＿＿＿＿、＿＿＿＿＿＿等账户。

21. 记账方法按照＿＿＿＿＿＿的不同，可分为单式记账法和复式记账法。

22. ＿＿＿＿＿＿是指对发生的每一项经济业务，只在一个账户中进行登记的记账方法。

23. ＿＿＿＿＿＿是以资产与权益平衡关系作为记账基础，对发生的每一项经济业务都要以相等的金额在＿＿＿＿＿＿的账户中进行登记，系统地反映资金运动变化结果的一种记账方法。

24. 复式记账法主要有＿＿＿＿＿＿、＿＿＿＿＿＿、＿＿＿＿＿＿三种，＿＿＿＿＿＿为世界各国所广泛使用。

25. 借贷记账法是指以＿＿＿＿＿＿为记账符号，对发生的每一项经济业务，都要以相等的金额在＿＿＿＿＿＿的账户中进行登记的一种复式记账法。

26. 借方记录资产、费用的＿＿＿＿＿＿，负债、所有者权益、收入的＿＿＿＿＿＿。

27. 贷方记录＿＿＿＿＿＿、＿＿＿＿＿＿、＿＿＿＿＿＿的增加，＿＿＿＿＿＿、＿＿＿＿＿＿的减少。

28. 借贷记账法的记账规则是＿＿＿＿＿＿，＿＿＿＿＿＿。

29. 会计分录简称分录，它是对每项经济业务指出应登记的＿＿＿＿＿＿和＿＿＿＿＿＿与＿＿＿＿＿＿的一种记录。

30. 会计分录必须具备三个要素：＿＿＿＿＿＿、＿＿＿＿＿＿、＿＿＿＿＿＿。

31. 会计分录有＿＿＿＿＿＿、＿＿＿＿＿＿两类。

32. 简单会计分录是指一项经济业务发生以后，只在＿＿＿＿＿＿中记录其相互联系的两个经济因素的数量变化情况的会计分录，即借方有一个账户，贷方有一个账户。

33. 复合会计分录是指一项经济业务发生以后,需要应用三个或三个以上的账户,记录其相互联系的多种经济因素的数量变化情况的会计分录,即_____、_____、_____。

34. 试算平衡法主要有两种:_____、_____。

35. 发生额试算平衡是依据_____原理。平衡关系的公式为:_____ = _____。

36. 余额试算平衡是依据_____原理。平衡关系的公式为:_____ = _____。

37. 总分类账户亦称_____,是对其反映的经济内容进行_____核算的账户。

38. 明细分类账户亦称_____,是在总账的基础上,按某一总账科目所属明细科目开设明细账户,并对其反映的经济内容进行_____核算的账户。

基础能力训练

一、单项选择题

1. 下列科目中,不属于损益类科目的是(　　)。
   A. 管理费用　　　B. 制造费用　　　C. 销售费用　　　D. 财务费用
2. 下列科目中,不属于损益类科目的是(　　)。
   A. 管理费用　　　B. 生产成本　　　C. 财务费用　　　D. 营业外收入
3. 下列项目中,与"制造费用"属于同一类科目的是(　　)。
   A. 固定资产　　　　　　　　　　B. 其他业务成本
   C. 生产成本　　　　　　　　　　D. 主营业务成本
4. 下列有关账户概念的阐述中,不正确的是(　　)。
   A. 账户不具有格式和结构
   B. 账户具有一定的格式和结构
   C. 账户是用于分类反映会计要素增减变动情况及其结果的载体
   D. 账户是根据会计科目设置的
5. 下列账户中,不属于成本类账户的是(　　)。
   A. 劳务成本　　　　　　　　　　B. 生产成本
   C. 主营业务成本　　　　　　　　D. 制造费用

6. "管理费用"账户所属的类别是( )。
   A. 所有者权益类　　B. 资产类　　　　C. 损益类　　　　D. 负债类
7. 下列项目中,与"生产成本"科目属于同一类会计科目的是( )。
   A. 主营业务成本　　　　　　　　B. 其他业务成本
   C. 制造费用　　　　　　　　　　D. 营业成本
8. 下列项目中,属于企业生产经营过程中形成的负债科目的是( )。
   A. 应收票据　　　B. 预付账款　　　C. 应付账款　　　D. 实收资本
9. 二级科目是介于( )之间的科目。
   A. 总分类科目和三级科目　　　　B. 总账与明细账
   C. 总分类科目　　　　　　　　　D. 明细分类科目
10. 会计科目是指对( )的具体内容进行分类核算的项目。
    A. 经济业务　　　B. 会计要素　　　C. 会计账户　　　D. 会计报表
11. 会计科目按其所( )不同,分为总分类科目和明细分类科目。
    A. 反映的会计对象
    B. 反映的经济业务
    C. 归属的会计要素
    D. 提供信息的详细程度及其统御关系
12. 会计科目是( )的名称。
    A. 账户　　　　　B. 会计凭证　　　C. 会计报表　　　D. 会计要素
13. ( )不是设置会计科目的原则。
    A. 重要性原则　　　　　　　　　B. 合法性原则
    C. 相关性原则　　　　　　　　　D. 实用性原则
14. "预付账款"科目按其所归属的会计要素,属于( )类科目。
    A. 资产　　　　　B. 负债　　　　　C. 所有者权益　　D. 成本
15. "预收账款"科目按其所归属的会计要素,属于( )类科目。
    A. 资产　　　　　B. 负债　　　　　C. 所有者权益　　D. 成本
16. "资本公积"科目按其所归属的会计要素,属于( )类科目。
    A. 资产　　　　　B. 负债　　　　　C. 所有者权益　　D. 损益
17. "管理费用"科目按其所归属的会计要素,属于( )类科目。
    A. 资产　　　　　B. 所有者权益　　C. 成本　　　　　D. 损益
18. "制造费用"科目按其所归属的会计要素,属于( )类科目。
    A. 资产　　　　　B. 负债　　　　　C. 损益　　　　　D. 成本
19. 有关会计科目与账户的关系,下列说法中,不正确的是( )。
    A. 两者口径一致,性质相同
    B. 账户是设置会计科目的依据

C. 没有账户，就无法发挥会计科目的作用

D. 会计科目不存在结构，而账户则具有一定的格式和结构

20. 会计科目和账户之间的联系是( )。

A. 结构相同　　　B. 格式相同　　　C. 内容相同　　　D. 互不相关

21. 各账户之间最本质的差别在于( )。

A. 反映的经济用途不同　　　　B. 反映的经济内容不同

C. 反映的结构不同　　　　　　D. 反映的格式不同

22. 一个账户的增加发生额与该账户的期末余额一般都应在该账户的( )。

A. 借方　　　　　B. 贷方　　　　　C. 相同方向　　　D. 相反方向

23. ( )是会计核算方法的中心环节。

A. 填制和审核会计凭证　　　　B. 进行成本计算

C. 设置和登记账簿　　　　　　D. 复式记账

24. 下列关于复式记账的说法中，错误的是( )。

A. 复式记账法能够反映经济业务的来龙去脉

B. 复式记账法以资产与负债平衡关系作为记账基础

C. 对每项经济业务，必须在两个或两个以上相互联系的账户中进行等额记录

D. 定期汇总的全部账户记录平衡

25. 某企业短期借款账户 2020 年 1 月 1 日为贷方余额 50 000 元，当年借入短期借款 100 000 元，归还 80 000 元，则 2020 年 12 月 31 日账户余额是( )。

A. 借方余额 80 000 元　　　　B. 贷方余额 70 000 元

C. 贷方余额 130 000 元　　　 D. 贷方余额 80 000 元

26. 在借贷记账法下，"本年利润"科目的增加额登记在( )。

A. 借方　　　　　B. 贷方　　　　　C. 借方和贷方　　D. 借方或贷方

27. 负债类账户的本期减少数和期末余额分别反映在( )。

A. 借方和借方　　B. 贷方和贷方　　C. 借方和贷方　　D. 贷方和借方

28. 在借贷记账法下，负债类账户期末余额一般( )。

A. 在借方　　　　　　　　　　B. 在贷方

C. 在借方，也可以在贷方　　　D. 为零

29. 下列各项中，属于总分类科目的是( )。

A. 应交增值税　　B. 应付账款　　　C. 专利权　　　　D. 专用设备

30. 采用复式记账法，任何一项经济业务发生后，登记的账户数量都应为( )。

A. 一个　　　　　　　　　　　B. 两个

C. 三个　　　　　　　　　　　D. 两个或两个以上

31. 复合会计分录中的对应关系不包括( )。

A. 一借一贷　　　B. 一借多贷　　　C. 一贷多借　　　D. 多借多贷

32. 下列各项中,属于简单会计分录的是(　　)。
    A. 一借一贷　　　B. 一借多贷　　　C. 一贷多借　　　D. 多借多贷
33. 某企业购进原材料 7 000 元,其中 5 000 元已用银行存款支付,余款暂欠。在不考虑税金的情况下,该项经济业务应做一笔(　　)分录。
    A. 一借一贷　　　B. 一借多贷　　　C. 一贷多借　　　D. 多借多贷
34. 期末编制试算平衡表后,下列说法正确的是(　　)。
    A. 试算平衡,会计记录完全正确　　　B. 试算平衡,会计记录不正确
    C. 试算不平衡,会计记录正确　　　　D. 试算不平衡,会计记录不正确
35. 下列各项中,能通过试算平衡查找的错误是(　　)。
    A. 某项经济业务未记账　　　　　　　B. 应借应贷账户中借贷方向颠倒
    C. 某项经济业务重复记账　　　　　　D. 应借应贷账户中借贷金额不相等
36. 下列账户中,期末一般无余额的是(　　)账户。
    A. 管理费用　　　B. 生产成本　　　C. 利润分配　　　D. 应付账款
37. 根据总分类科目设置的,用于对会计要素具体内容进行总括分类核算的账户称为(　　)。
    A. 总账　　　　　B. 明细账　　　　C. 备查账　　　　D. 综合账
38. 复式记账法是以(　　)为记账基础的一种记账方法。
    A. 会计科目　　　　　　　　　　　　B. 资产和权益平衡关系
    C. 经济业务　　　　　　　　　　　　D. 试算平衡
39. 目前我国采用的复式记账法主要是(　　)。
    A. 收付记账法　　B. 借贷记账法　　C. 增减记账法　　D. 来去记账法
40. 复式记账法是对发生的每一项经济业务,都要以相等的金额,在(　　)中进行登记的一种记账方法。
    A. 一个账户　　　　　　　　　　　　B. 两个账户
    C. 两个或两个以上的账户　　　　　　D. 互相联系的两个或两个以上账户
41. 在借贷记账法下,账户的借方用来登记(　　)。
    A. 资产的增加或权益的减少　　　　　B. 资产的减少或权益的增加
    C. 资产的增加或权益的增加　　　　　D. 资产的减少或权益的减少
42. 在借贷记账法下,账户的贷方用来登记(　　)。
    A. 收入的增加或费用(成本)的增加　　B. 收入的增加或费用(成本)的减少
    C. 收入的减少或费用(成本)的增加　　D. 收入的减少或费用(成本)的减少
43. 下列关于借贷记账法的表述中,正确的是(　　)。
    A. 在借贷记账法下,"借"代表增加,"贷"代表减少
    B. 在借贷记账法下,资产增加记借方,负债减少记贷方
    C. 在借贷记账法下,可以利用试算平衡检查出所有记账错误

D. 借贷记账法是复式记账法的一种

44. 收入类账户的余额一般在(　　)。
    A. 借方　　　　　B. 贷方　　　　　C. 无余额　　　　　D. 借方或贷方

45. 所有者权益类账户的余额一般在(　　)。
    A. 借方　　　　　B. 贷方　　　　　C. 无余额　　　　　D. 借方或贷方

46. 账户哪一方登记增加,哪一方登记减少,取决于(　　)。
    A. 账户的基本结构　　　　　B. 会计核算方法
    C. 所记录的经济业务　　　　D. 账户的性质

47. 下列会计分录中,属于复合会计分录的是(　　)。
    A. 借：制造费用　　　　　　　　　　　　　10 000
         管理费用　　　　　　　　　　　　　　5 000
         贷：累计折旧　　　　　　　　　　　　　　15 000
    B. 借：银行存款　　　　　　　　　　　　　80 000
         贷：实收资本——A公司　　　　　　　　55 000
             ——B公司　　　　　　　　　　　　25 000
    C. 借：管理费用——维修费　　　　　　　　80 000
         贷：原材料——甲材料　　　　　　　　　60 000
             ——乙材料　　　　　　　　　　　20 000
    D. 借：制造费用　　　　　　　　　　　　　500
         贷：库存现金　　　　　　　　　　　　　500

48. 总分类账户与其明细分类账户的主要区别在于(　　)。
    A. 记录经济业务的详细程度不同　　　B. 记账的依据不同
    C. 记账的方向不同　　　　　　　　D. 记账的期间不同

49. 账户发生额试算平衡法是根据(　　)来确定的。
    A. 借贷记账法的记账规则　　　B. 资产=负债+所有者权益
    C. 收入-费用=利润　　　　　D. 平行登记原则

50. 借贷记账法的余额试算平衡公式是(　　)。
    A. 每个账户的借方发生额=每个账户的贷方发生额
    B. 全部账户本期借方发生额合计=全部账户本期贷方发生额合计
    C. 全部账户期末借方余额合计=全部账户期末贷方余额合计
    D. 全部账户期末借方余额合计=部分账户期末贷方余额合计

51. 下列科目中,属于流动负债的是(　　)。
    A. 预付账款　　　B. 应收账款　　　C. 应付票据　　　D. 应付债券

52. 我国目前最普遍采用的记账方法是(　　)。
    A. 收付记账法　　　B. 增减记账法　　　C. 借贷记账法　　　D. 单式记账法

二、多项选择题

1. 下列会计科目中,属于所有者权益类科目的有(　　)。
   A. 盈余公积　　　B. 本年利润　　　C. 资本公积　　　D. 实收资本
2. 下列会计科目中,属于资产类科目的有(　　)。
   A. 应收账款　　　B. 在途物资　　　C. 预收账款　　　D. 预付账款
3. 下列项目中,属于费用要素的有(　　)。
   A. 财务费用　　　B. 预付账款　　　C. 管理费用　　　D. 制造费用
4. 下列会计科目中,属于所有者权益类科目的有(　　)。
   A. 实收资本　　　B. 盈余公积　　　C. 利润分配　　　D. 本年利润
5. 下列会计科目中,属于资产类科目的有(　　)。
   A. 预收账款　　　B. 预付账款　　　C. 原材料　　　　D. 短期借款
6. 下列会计科目中,属于负债类科目的有(　　)。
   A. 短期借款　　　B. 应收账款　　　C. 应付账款　　　D. 应交税费
7. 下列会计科目中,属于所有者权益类科目的有(　　)。
   A. 实收资本　　　　　　　　　　　B. 盈余公积
   C. 利润分配　　　　　　　　　　　D. 主营业务收入
8. 下列会计科目中,属于损益类科目的有(　　)。
   A. 主营业务收入　　　　　　　　　B. 主营业务成本
   C. 管理费用　　　　　　　　　　　D. 财务费用
9. 关于会计科目与账户之间的关系,下列表述正确的有(　　)。
   A. 两者口径一致,性质相同
   B. 没有会计科目,账户就失去了设置的依据
   C. 账户是会计科目的具体运用
   D. 在实际工作中,会计科目和账户是相互通用的
10. 下列等式中,错误的有(　　)。
    A. 期初余额 = 本期增加发生额 + 期末余额 - 本期减少发生额
    B. 期末余额 = 本期增加发生额 + 期初余额 - 本期减少发生额
    C. 期初余额 = 本期减少发生额 + 期末余额 - 本期增加发生额
    D. 期初余额 = 本期增加发生额 - 期末余额 - 本期减少发生额
11. 下列有关复式记账法的表述中,正确的有(　　)。
    A. 复式记账法一般应在两个或两个以上会计科目中登记,但有时也在一个会计科目中登记
    B. 复式记账法能如实反映资金运动的来龙去脉

C. 复式记账法便于检查会计科目的记录是否正确

D. 我国所有企事业单位都必须统一采用复式记账法中的借贷记账法进行会计核算

12. 在借贷记账法下，可以在账户借方登记的是(　　)。

    A. 资产的增加　　　　　　　　B. 负债的增加

    C. 收入的增加　　　　　　　　D. 所有者权益的减少

13. 在借贷记账法下，收入类账户的借方登记(　　)。

    A. 增加数　　　　　　　　　　B. 减少数

    C. 结转数　　　　　　　　　　D. 增加数或结转数

14. 在借贷记账法下，"期末借方余额＝期初借方余额＋本期借方发生额－本期贷方发生额"属于(　　)会计科目计算期末余额的公式。

    A. 资产类　　　　　　　　　　B. 负债类

    C. 所有者权益类　　　　　　　D. 成本类

15. 运用借贷记账法编制会计分录时，可以编制的会计分录有(　　)。

    A. 一借一贷　　B. 一借多贷　　C. 一贷多借　　D. 多借多贷

16. 借贷记账法的特点有(　　)。

    A. "借"表示增加，"贷"表示减少

    B. 以"借""贷"为记账符号

    C. 可根据借贷平衡原理进行试算平衡

    D. 以"有借必有贷，借贷必相等"作为记账规则

17. 下列错误中，可以通过试算平衡发现的有(　　)。

    A. 漏记一项经济业务　　　　　B. 借方发生额大于贷方发生额

    C. 应借应贷科目颠倒　　　　　D. 借方余额小于贷方余额

18. 在借贷记账法下，账户的贷方应登记(　　)。

    A. 资产、费用的增加数　　　　B. 权益、收入的减少数

    C. 资产、费用的减少数　　　　D. 权益、收入的增加数

三、能力判断题

1. 企业的原材料属于非流动资产。　　　　　　　　　　　　　　　　(　　)
2. 二级明细科目是对明细科目进一步分类的科目。　　　　　　　　　(　　)
3. 账户分为左右两方，左方登记增加，右方登记减少。　　　　　　　(　　)
4. 企业只能使用国家统一的会计制度规定的会计科目，不得自行增减或合并。

　　　　　　　　　　　　　　　　　　　　　　　　　　　　　　　(　　)

5. 对会计要素的具体内容进行分类核算的项目称为会计科目。（　　）

6. 在账户中,登记本期增加的金额称为本期借方发生额,登记本期减少的金额称为本期贷方发生额。（　　）

7. 会计科目和账户都是对会计对象具体内容的科学分类,两者口径一致,性质相同。（　　）

8. 账户的四个金额要素之间的关系可用下面的等式表示:期末余额 = 期初余额 + 本期增加发生额 − 本期减少发生额。（　　）

9. 记账方法按登记经济交易与事项的方式不同,可以分为复式记账法与借贷记账法。（　　）

10. 在借贷记账法下,账户的借方记录资产的增加或权益的减少,贷方记录资产的减少或权益的增加。（　　）

11. 在借贷记账法下,资产类会计科目的借方登记资产的增加数,贷方登记资产的减少数,期初及期末余额一般在借方。（　　）

12. 复合会计分录指的是一借多贷、一贷多借或多借多贷的会计分录。（　　）

13. 资产类账户的结构与所有者权益类账户的结构相反。（　　）

14. 复式记账法是以资产与权益平衡关系作为记账基础,对于每一笔经济业务,都要在两个或两个以上相互联系的账户中进行登记,系统地反映资金运动变化结果的一种记账方法。（　　）

15. 在借贷记账法下,借方表示增加,贷方表示减少。（　　）

16. 复合会计分录是指多借多贷形式的会计分录。（　　）

17. 发生额试算平衡法是根据资产与权益的恒等关系,检验本期发生额记录是否正确的方法。（　　）

18. 余额试算平衡是由"资产 = 负债 + 所有者权益"的恒等关系决定的。（　　）

提升能力训练

一、单项选择题

1. 账户是根据(　　)设置的,具有一定格式和结构,用于分类反映会计要素增减变动情况及其结果的载体。

　　A. 会计要素　　　B. 会计对象　　　C. 会计科目　　　D. 会计信息

2. 下列有关账户的表述中,不正确的是(　　)。

　　A. 账户是根据会计科目设置的,它没有格式和结构

B. 设置账户是会计核算的重要方法之一

C. 账户哪一方登记增加,哪一方登记减少,取决于记录的经济业务和账户的性质

D. 账户中登记的本期增加金额及本期减少金额统称为本期发生额

3. 账户的基本结构是指(　　)。
   A. 账户的具体格式　　　　　　　　B. 账户登记的方向
   C. 账户登记的日期　　　　　　　　D. 账户中登记增减金额等的栏次

4. 账户的左方和右方,哪一方记增加,哪一方记减少,取决于(　　)。
   A. 开设账户时间的长短　　　　　　B. 所记金额的大小
   C. 所记经济业务和账户的性质　　　D. 所记经济业务的重要程度

5. 账户的余额按照表示的时间不同,分为(　　)。
   A. 期初余额
   B. 期末余额
   C. 本期增加发生额和本期减少发生额
   D. 期初余额和期末余额

二、多项选择题

1. 下列会计科目中,属于成本类科目的有(　　)。
   A. 生产成本　　　　　　　　　　　B. 主营业务成本
   C. 制造费用　　　　　　　　　　　D. 销售费用

2. 下列会计科目中,属于损益类科目的有(　　)。
   A. 主营业务收入　　　　　　　　　B. 主营业务成本
   C. 管理费用　　　　　　　　　　　D. 财务费用

3. 下列项目中,属于流动负债的有(　　)。
   A. 预收账款　　B. 预付账款　　C. 应交税费　　D. 应付债券

4. 下列关于账户的表述中,正确的有(　　)。
   A. 账户是根据会计要素开设的
   B. 账户具有一定格式和结构
   C. 设置账户是会计核算的重要方法之一
   D. 一级账户以下的账户均称为明细账户

5. 下列项目中,属于账户基本结构内容的有(　　)。
   A. 账户的名称　　　　　　　　　　B. 增减金额及余额
   C. 记账凭证的编号　　　　　　　　D. 经济业务的摘要

6. 下列账户的四个金额要素中,属于本期发生额的有( )。
   A. 期初余额   B. 本期增加金额
   C. 本期减少金额   D. 期末余额

7. 账户按其反映的经济业务的内容不同,分为资产类账户、负债类账户、( )。
   A. 共同类账户   B. 损益类账户
   C. 所有者权益类账户   D. 成本类账户

8. 会计分录的基本要素包括( )。
   A. 记账符号   B. 记账时间   C. 记账金额   D. 账户名称

9. 下列会计分录形式中,属于复合会计分录的有( )。
   A. 一借一贷   B. 一借多贷   C. 一贷多借   D. 多借多贷

10. 下列错误中,试算平衡无法发现的有( )。
    A. 用错账户名称   B. 重记某项经济业务
    C. 漏记某项经济业务   D. 记账方向颠倒

11. 下列错误中,可以通过试算平衡发现的有( )。
    A. 漏记或重记某项经济业务
    B. 借方发生额大于贷方发生额
    C. 借贷记账方向彼此颠倒
    D. 重复登记在某一账户的借方发生额上

12. 下列表述正确的有( )。
    A. 所有总账都要设置明细账   B. 账户是根据会计科目开设的
    C. 账户有一定的格式和结构   D. 账户和会计科目性质相同

13. 关于总分类账户和明细分类账户的关系,下列表述正确的有( )。
    A. 总分类账户对明细分类账户具有统御控制作用
    B. 明细分类账户对总分类账户具有补充说明作用
    C. 总分类账户与其所属的明细分类账户在总金额上应当相等
    D. 总分类账户与明细分类账户提供信息的详细程度不同

14. 下列有关明细分类科目的表述中,正确的有( )。
    A. 明细分类科目也称一级会计科目
    B. 明细分类科目是对会计要素具体内容进行总括分类的科目
    C. 明细分类科目是对总分类科目做进一步分类的科目
    D. 明细分类科目是能提供更加详细、更加具体的会计信息的科目

15. 复式记账法的优点有( )。
    A. 能清晰反映账户之间的对应关系   B. 便于进行试算平衡
    C. 有利于反映资金运动的来龙去脉   D. 便于分工记账

16. 下列各项不属于账户的对应关系的是（　　）。
    A. 总分类账户与明细分类账户之间的关系
    B. 有关账户之间的应借应贷关系
    C. 资产类账户与负债类账户之间的关系
    D. 成本类账户与损益类账户之间的关系
17. 借贷记账法的试算平衡方法包括（　　）。
    A. 发生额试算平衡法　　　　　　　B. 增加额试算平衡法
    C. 减少额试算平衡法　　　　　　　D. 余额试算平衡法
18. 总分类账户发生额及余额试算平衡中的关系有（　　）。
    A. 期初借方余额合计＝期初贷方余额合计
    B. 本期借方发生额合计＝本期贷方发生额合计
    C. 期初借方余额合计＝期末贷方余额合计
    D. 期末借方余额合计＝期末贷方余额合计

三、能力判断题

1. 会计科目是账户的名称，账户是会计科目的载体和具体运用。（　　）
2. 账户基本结构的内容仅包括增减金额及余额。（　　）
3. 生产成本和主营业务成本都属于成本类科目。（　　）
4. 企业可以将不同类型的经济业务合并在一起，编制多借多贷的会计分录。（　　）
5. 一级账户又称总分类账户，简称总账，总账以下的账户称为明细账。（　　）
6. 总分类科目与其所属的明细分类科目的核算内容相同，但前者提供的信息比后者更加详细。（　　）
7. 设置会计科目的相关性原则是指所设置的会计科目应当符合国家统一的会计制度的规定。（　　）
8. 账户是根据会计科目设置的，具有一定的格式和结构。（　　）
9. 会计科目和账户的口径一致，性质相同，都具有一定的格式和结构，所以在实际工作中，对会计科目和账户不加严格区分。（　　）
10. 明细分类科目对总分类科目起着补充说明和统御控制的作用。（　　）
11. 账户的余额总是和账户的增加额方向一致。（　　）
12. 所有者权益类账户和负债类账户的结构一般与资产类账户的结构是一致的。（　　）
13. 借贷记账法的记账规则为：有借必有贷，借贷必相等。即对每一项经济业务都要在两个账户中以借方和贷方相等的金额进行登记。（　　）

14. 为了判断账户记录是否正确,通常采用编制试算平衡表的方法,只要该试算平衡表实现了平衡关系,就说明账户记录正确无误。（ ）

15. 在借贷记账法下,损益类账户的借方登记增加数,贷方登记减少数,期末一般无余额。（ ）

16. 总分类账户与明细分类账户之间存在统御与被统御、控制与被控制的关系。（ ）

17. 无论发生什么经济业务,会计等式始终保持平衡关系。（ ）

专业应用能力训练

1. 请运用所学知识,为张某建立相应的账户。

张某准备投资创建一家超市。首先,他从各种渠道筹集到资金 100 万元,其中他本人投入资金 70 万元,向银行借入 3 个月期短期借款 30 万元；然后,他用这笔资金购买了厂房、小汽车共 40 万元,采购商品 30 万元,支付工资 10 万元。到月末,他在银行的存款数为 20 万元。

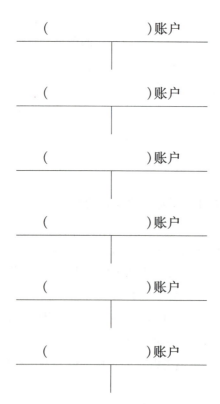

2. 根据以下资料，从会计要素的角度分析其所属会计科目的类别。

ZH 公司会计要素具体项目如下：

(1) 房屋及建筑物→_____　　(2) 工作机器及设备→_____

(3) 运输汽车→_____　　　　(4) 库存生产用钢材→_____

(5) 库存燃料→_____　　　　(6) 未完工产品→_____

(7) 库存完工产品→_____　　(8) 存放在银行的款项→_____

(9) 由出纳人员保管的现金→_____ (10) 应收某厂的货款→_____

(11) 暂付职工差旅费→_____ (12) 从银行借入的款项→_____

(13) 应付给光华厂的材料款→_____ (14) 欠缴的税金→_____

(15) 销售产品的价款→_____ (16) 投资者投入的资本→_____

(17) 预收的押金→_____　　 (18) 欠付的利润→_____

(19) 发生的销售费用→_____ (20) 销售产品的成本→_____

(21) 发生的办公费→_____　 (22) 应付职工的工资→_____

3. 填写会计账户中括号内所缺的文字。

(	)	(	)	（　　　　）	(	)	(	)	(	)	(	)	(	)
月	日	字	号											

表头上方另有：（　　　　　　）　　　　（　　　）

左方(　　　　)　(　　　　　　　)　右方(　　　　)

4. 分别采用单式记账法和复式记账法对下列经济业务进行记账。

(1) 企业用银行存款 1 000 元购买原材料。

单式记账法：_____

复式记账法：_____

(2) 企业购买原材料 1 000 元，材料款未付。

单式记账法：_____

复式记账法：_____

(3) 企业销售商品 1 000 元，销售商品款未收到。

单式记账法：_____

复式记账法：_____

5. 灵活运用借贷记账法下的账户结构。

(1) 借贷记账法下账户基本结构的练习。

要求：填写各类账户的本期发生额及期末余额；填写各类账户的期末余额计算公式。

① 资产类账户的基本结构。

借方	银行存款	贷方
期初余额： 120 200		
3 000		67 000
5 600		58 600
37 000		4 400
本期发生额_____		本期发生额_____
期末余额_____		

资产类账户期末余额计算公式：

期初借方余额 + 本期_____发生额 - 本期_____发生额 = 期末_____余额

② 负债类账户的基本结构。

借方	应付账款	贷方
		期初余额： 20 600
32 000		54 400
67 000		58 600
1 000		
3 600		
本期发生额_____		本期发生额_____
		期末余额_____

负债类账户期末余额计算公式：

期初_____余额 + 本期_____发生额 - 本期_____发生额 = 期末_____余额

③ 所有者权益类账户的基本结构。

借方	实收资本	贷方
		期初余额： 100 000
		250 000
		本期发生额_____
		期末余额_____

所有者权益类账户期末余额计算公式：

期初_____余额 + 本期_____发生额 - 本期_____发生额 = 期末_____

余额

④ 成本类账户的基本结构。

借方	生产成本	贷方
期初余额： 35 000		
74 000		101 800
27 600		
本期发生额_____		本期发生额_____
期末余额_____		

成本类账户期末余额计算公式：

期初_____余额 + 本期_____发生额 – 本期_____发生额 = 期末_____余额

⑤ 收入类账户的基本结构。

借方	主营业务收入	贷方
110 000		82 000
		23 000
		5 000
本期发生额_____		本期发生额_____
		期末余额_____

收入类账户期末余额计算公式：

期初_____余额 + 本期_____发生额 – 本期_____发生额 = 期末_____余额

⑥ 费用类账户的基本结构。

借方	销售费用	贷方
7 600		43 000
24 000		
11 400		
本期发生额_____		本期发生额_____
期末余额_____		

费用类账户期末余额计算公式：

期初_____余额 + 本期_____发生额 – 本期_____发生额 = 期末_____

余额

（2）请根据 A 公司 2020 年 5 月发生的下列部分业务，完成填空。

① 企业填制现金支票向银行提款 7 000 元。

借方	银行存款↓	贷方		借方	库存现金↑	贷方
期初余额：670 000				期初余额：1 000		
发生额：_____	_____			发生额：_____	_____	
期末余额：_____				期末余额：_____		

② 投资者 A 向企业投入资金 100 000 元，已存入银行。

借方	实收资本↑	贷方		借方	银行存款↑	贷方
	期初余额：10 000 000				期初余额：663 000	
发生额：_____	_____			发生额：_____	_____	
	期末余额：_____				期末余额：_____	

③ 企业归还银行短期借款 50 000 元，已从银行付出。

借方	银行存款↓	贷方		借方	短期借款↓	贷方
期初余额：763 000						期初余额：180 000
发生额：_____	_____			发生额：_____	_____	
期末余额：_____						期末余额：_____

④ 企业采购原材料 150 000 元，50 000 元开出支票付讫，另外 100 000 元尚欠。

借方	银行存款↓	贷方		借方	原材料↑	贷方
期初余额：713 000				期初余额：200 000		
发生额：_____	_____			发生额：_____	_____	
期末余额：_____				期末余额：_____		

借方	应付账款↑	贷方
	期初余额：70 000	
发生额：_____	_____	
	期末余额：_____	

（3）运用账户期末余额计算公式填充下表。

账户期末余额计算公式的运用

单位：元

账户名称	期初余额	本期借方发生额	本期贷方发生额	期末余额
库存现金	1 500	（ ）	2 700	1 480
应付账款	6 600	47 000	（ ）	3 100
短期借款	（ ）	80 000	120 000	50 000
库存商品	39 000	54 800	76 000	（ ）
实收资本	250 000	（ ）	70 000	320 000
生产成本	21 000	34 000	（ ）	28 050

6．请根据以下经济业务练习借贷记账法的运用。

诚信公司发生以下经济业务：

（1）从银行提取现金 2 000 元备用。

（2）将现金 1 000 元存入银行。

（3）购入甲材料共计 8 000 元，材料款尚未支付。

（4）销售 B 产品 20 000 元，货款已收妥并存入银行存款户。

（5）用银行存款 8 000 元偿还前欠甲材料款。

（6）向银行借入短期借款 60 000 元，存入银行。

（7）用银行存款 6 000 元归还前欠货款。

（8）收回赊销货款 62 000 元，存入银行。

（9）用银行存款 20 000 元归还银行短期借款。

（10）用银行存款 80 000 元购进设备。

（11）收到投资者投资款 100 000 元，存入银行。

（12）销售 A 产品 92 000 元，货款尚未收到。

（13）收回上项欠款 92 000 元，存入银行。

（14）用银行存款 40 000 元归还银行短期借款。

（15）购入甲材料 10 000 元，以银行存款支付 7 000 元，余额待付。

要求：根据以上资料编制会计分录。

7. 练习试算平衡。

(1) 练习发生额和余额的试算平衡。

诚信公司各账户期初余额如下：

诚信公司各账户期初余额

单位：元

账户名称	借方余额	贷方余额
库存现金	1 200	
银行存款	85 000	
交易性金融资产	120 200	
应收账款	70 000	
原材料	80 000	
固定资产	200 000	
短期借款		84 000
应付账款		92 400
实收资本		380 000
主营业务收入		
合　计	556 400	556 400

要求：

① 根据上题中诚信公司资料开设总分类账户。

② 将上题中各账户发生额记入各总分类账户。

③ 计算各总分类账户的期末余额。

④ 编制试算平衡表。

试算平衡表

单位：元

账户名称	期初余额		本期发生额		期末余额	
	借方	贷方	借方	贷方	借方	贷方
库存现金						
银行存款						
交易性金融资产						
应收账款						
原材料						
固定资产						
短期借款						

续表

账户名称	期初余额		本期发生额		期末余额	
	借方	贷方	借方	贷方	借方	贷方
应付账款						
实收资本						
主营业务收入						
合　计						

（2）了解账户结构并练习试算平衡。

试算平衡表

单位：元

账户名称	期初余额		本期发生额		期末余额	
	借方	贷方	借方	贷方	借方	贷方
库存现金	2 900		50 000	48 200	（　）	
银行存款	（　）		90 800	82 000	139 400	
应收账款	24 500		（　）	50 500	22 000	
库存商品	54 000		86 000	（　）	87 500	
生产成本	33 000		49 800	（　）	50 400	
固定资产	（　）		32 000	43 000	244 000	
应付账款		24 000	56 000	52 000		（　）
长期借款		（　）	50 000	0		48 000
实收资本		300 000	（　）	180 000		380 000
本年利润		78 000		22 000		（　）
合　计	（　）	（　）	（　）	（　）	（　）	（　）

要求：在括号内填入相应的金额，并试算平衡。

（3）M公司2020年5月有关账户的期初余额、本期发生额和期末余额如下表所示。

试算平衡表

单位：元

账户名称	期初余额		本期发生额		期末余额	
	借方	贷方	借方	贷方	借方	贷方
库存现金	7 200		1 200	（　）	4 800	
银行存款	96 000		（　）	75 600	（　）	
原材料	60 000		26 400	（　）	48 000	

续表

账户名称	期初余额		本期发生额		期末余额	
	借方	贷方	借方	贷方	借方	贷方
应收账款	( )		( )	100 800	96 000	
固定资产	( )		28 800	27 000	120 000	
实收资本		180 000		( )		216 000
资本公积		48 000	( )	12 000		36 000
短期借款		60 000	( )			18 000
应付账款		96 000	10 200	( )		165 600
合　计	( )	384 000	( )	( )	( )	( )

要求：在括号内填入相应的金额，并试算平衡。

项目四

识别经济业务与原始凭证

知识认知能力训练

1. _____可以分为经济交易和经济事项两类。
2. 常见的经济业务有款项和有价证券的收付，_____，_____，资本的增减，_____，_____。
3. 款项是指_____，包括_____、_____及视同现金和银行存款的其他货币资金。
4. 其他货币资金有_____、_____、信用卡存款、_____、各种备用金等。
5. _____是指表示一定财产拥有权或支配权的证券。
6. 有价证券可以划分为_____、_____、_____。
7. _____和_____是流动性最强的资产。
8. _____是企业财产物资的简称，是企业进行_____。
9. _____是指企业收取款项的权利，一般包括各种应收和预付款项等，如_____、_____、_____、_____。
10. _____是指企业的负债，如_____、_____、长期应付款、_____、_____、长期借款、_____、_____。
11. _____是指投资者对企业投入的资金。会计上的资本是指所有者权益中的_____和_____。
12. 收入是指_____。
13. 支出是指企业实际发生的各项开支，以及在_____中形成的支出和损失。
14. 费用是指_____。
15. 成本是指企业为_____、_____而发生的各种耗费的费用，是对象化了的_____。

16. _____主要是指企业在一定时期内生产经营活动在财务上的体现,具体表现为_____或_____。

17. 财务成果的处理包括_____、_____、利润分配或亏损弥补等。

18. _____又称单据,是在经济业务_____、用于_____的文字凭据。

19. 原始凭证按其_____分为自制原始凭证和外来原始凭证。外来原始凭证是指在同外单位发生经济往来事项时,从_____取得的凭证,如火车票、广告费收款收据、非税收入缴款书。自制原始凭证指由_____、供_____使用的原始凭证,如借款单。

20. 原始凭证按其_____不同,可以分为一次凭证、累计凭证、汇总凭证。一次凭证是指_____、_____的原始凭证,如借款单、出库单。累计凭证是指_____的原始凭证,如_____。汇总原始凭证是指_____的原始凭证,如差旅费报销单、工资结算汇总表、发料凭证汇总表、收料凭证汇总表。

21. 原始凭证按_____分类,可分为通用凭证和专用凭证。

基础能力训练

一、单项选择题

1. ( )是记录经济业务发生或完成情况的书面证明。
   A. 科目汇总表　　B. 会计凭证　　C. 原始凭证　　D. 记账凭证

2. 原始凭证按照( )不同,可分为自制原始凭证和外来原始凭证。
   A. 取得来源　　B. 填制手续　　C. 格式　　D. 填制方法

3. 根据一定时期内反映相同经济业务的多张原始凭证,按一定标准综合后一次填制完成的原始凭证是( )。
   A. 累计凭证　　B. 记账凭证　　C. 汇总凭证　　D. 一次凭证

4. 仓库保管人员填制的收料单,属于企业的( )。
   A. 外来原始凭证　　　　　　B. 自制原始凭证
   C. 汇总原始凭证　　　　　　D. 累计原始凭证

5. 下列各项中,不属于原始凭证基本内容的是( )。
   A. 填制原始凭证的日期　　　B. 经济业务内容
   C. 会计人员记账标记　　　　D. 原始凭证附件

6. 各种原始凭证,除由经办业务的有关部门审核以外,最后都要由( )进行审核。
   A. 财政部门　　　　B. 董事长　　　　C. 总经理　　　　D. 会计部门

7. 华达公司于2018年10月12日开出一张现金支票,对出票日期正确的填写方法是( )。
   A. 贰零壹捌年壹拾月拾贰日　　　　B. 贰零壹捌年零壹拾月壹拾贰日
   C. 贰零壹捌年拾月壹拾贰日　　　　D. 贰零壹捌年零拾月壹拾贰日

8. 下列做法中,符合《会计基础工作规范》规定的是( )。
   A. 自制原始凭证无须经办人签章或盖章
   B. 外来原始凭证金额错误,可在原始凭证上更正但须签名或盖章
   C. 外来原始凭证内容错误,可在原始凭证上更正但须签名或盖章
   D. 销售商品1 000.84元,销货发票大写金额为:壹仟元捌角肆分整

9. 在填制会计凭证时,1 518.53元的大写金额数字为( )。
   A. 壹仟伍佰拾捌元伍角叁分　　　　B. 壹仟伍佰拾捌元伍角叁分整
   C. 壹仟伍佰壹拾捌元伍角叁分　　　　D. 壹仟伍佰壹拾捌元伍角叁分整

10. 审核原始凭证所记录的经济业务是否符合企业生产经营活动的需要,是否符合有关的计划和预算,属于( )审核。
    A. 合理性　　　　B. 合法性　　　　C. 真实性　　　　D. 完整性

11. 下列各项中,不属于原始凭证审核内容的是( )。
    A. 凭证是否有填制单位的公章和填制人员签章
    B. 凭证是否符合规定的审核程序
    C. 凭证是否符合有关计划和预算
    D. 会计科目使用是否正确

12. 会计机构和会计人员对真实、合法、合理但内容不准确、不完整的原始凭证,应当( )。
    A. 不予受理　　　　　　　　　　B. 予以受理
    C. 予以纠正　　　　　　　　　　D. 予以退回,要求改正、补充

13. 会计机构和会计人员对不真实、不合法的原始凭证和违法收支,应当( )。
    A. 不予接受　　　　　　　　　　B. 予以退回
    C. 予以纠正　　　　　　　　　　D. 不予接受,并向单位负责人报告

14. 原始凭证按( )分类,分为一次凭证、累计凭证和汇总凭证。
    A. 用途　　　　　　　　　　　　B. 形成来源
    C. 填制方式　　　　　　　　　　D. 填制的手续和内容

15. 下列各项中,属于汇总原始凭证的是( )。
    A. 科目汇总表　　　　　　　　　B. 汇总记账凭证
    C. 限额领料单　　　　　　　　　D. 工资结算汇总表

16. 出差人员预借差旅费时,填写的借款单属于( )。
    A. 自制原始凭证　　　　　　　　B. 外来原始凭证
    C. 付款凭证　　　　　　　　　　D. 单式凭证

17. 下列原始凭证中,属于累计原始凭证的是( )。
    A. 收料单　　　B. 领料单　　　C. 发货单　　　D. 限额领料单

18. 下列各项中,属于外来原始凭证的是( )。
    A. 产品入库单　　　　　　　　　B. 银行进账通知单
    C. 发料汇总表　　　　　　　　　D. 工资单

19. 在一定时期内多次记录发生的同类型经济业务的原始凭证为( )。
    A. 一次凭证　　B. 累计凭证　　C. 汇总凭证　　D. 通用凭证

20. 按来源不同,原始凭证可分为( )。
    A. 外来原始凭证和自制原始凭证　　B. 一次原始凭证和通用原始凭证
    C. 收付业务凭证和转账业务凭证　　D. 专用原始凭证和通用原始凭证

21. 发出材料汇总表是( )。
    A. 外来原始凭证　　　　　　　　B. 通用原始凭证
    C. 累计凭证　　　　　　　　　　D. 汇总凭证

22. 下列表述错误的是( )。
    A. 外来原始凭证都是一次凭证　　　B. 自制原始凭证都是一次凭证
    C. 累计凭证只含一张原始凭证　　　D. 累计凭证多次有效,可以填写多次

23. 下列各项中,属于外来原始凭证的是( )。
    A. 单位差旅费报销单　　　　　　B. 收料单
    C. 发票　　　　　　　　　　　　D. 制造费用分配表

24. 差旅费报销单按填制的手续及内容分类,属于原始凭证中的( )。
    A. 一次凭证　　B. 累计凭证　　C. 汇总凭证　　D. 专用凭证

25. 应在经济业务发生或完成时,由相关业务人员一次填制完成的凭证是( )。
    A. 一次凭证　　　　　　　　　　B. 累计凭证
    C. 汇总凭证　　　　　　　　　　D. 原始凭证汇总表

26. 下列各项中,不属于一次原始凭证的是( )。
    A. 发货票　　　　　　　　　　　B. 领料单
    C. 收料单　　　　　　　　　　　D. 发出材料汇总表

27. 下列关于发料凭证汇总表性质的表述中,正确的是( )。
    A. 自制原始凭证　　　　　　　　B. 外来原始凭证
    C. 一次原始凭证　　　　　　　　D. 累计原始凭证

28. 下列单证中,属于原始凭证的是( )。
    A. 生产计划　　B. 材料请购单　C. 购销合同　　D. 限额领料单

29. 下列各项中,不属于原始凭证基本内容的是( )。
　　A. 填制凭证单位名称　　　　　　　B. 凭证编号
　　C. 接受凭证单位名称　　　　　　　D. 记账标记
30. 下列各项中,不属于原始凭证基本内容的是( )。
　　A. 接受凭证单位的全称
　　B. 交易或事项的内容、数量、单价和金额
　　C. 经办人员签名或盖章
　　D. 应记会计科目名称和记账方向
31. 下列关于人民币30 010.06元的大写写法的表述中,正确的是( )。
　　A. 人民币叁万零拾元陆分整　　　　B. 人民币叁万零壹拾元零陆分
　　C. 人民币三万零十元六分整　　　　D. 人民币叁万零十元六分

二、多项选择题

1. 按照格式不同,原始凭证可以分为( )和( )。
　　A. 汇总凭证　　　B. 一次凭证　　　C. 专用凭证　　　D. 通用凭证
2. 借款单属于( )。
　　A. 汇总凭证　　　B. 一次凭证　　　C. 自制原始凭证　　D. 通用凭证
3. 下列各项中,属于汇总原始凭证的有( )。
　　A. 借款单　　　　　　　　　　　B. 收料凭证汇总表
　　C. 限额领料单　　　　　　　　　D. 发料凭证汇总表
4. 下列各项中,属于原始凭证所必须具备的基本内容的有( )。
　　A. 凭证名称、填制日期和编号　　B. 经济业务内容摘要
　　C. 经济业务数量、单价、金额　　D. 填制人员和经办人员的签字、盖章
5. 下列项目中,属于原始凭证的填制要求的有( )。
　　A. 记录真实　　　B. 填制及时　　　C. 书写清楚　　　D. 内容完整
6. 原始凭证的审核内容包括审核原始凭证的( )等方面。
　　A. 真实性　　　　　　　　　　　B. 合法性、合理性
　　C. 正确性、及时性　　　　　　　D. 完整性
7. 下列各项中,不属于原始凭证的有( )。
　　A. 银行余额调节表　　　　　　　B. 购货发票
　　C. 采购计划　　　　　　　　　　D. 购货合同
8. 会计凭证按其填制程序和用途可以分为( )。
　　A. 原始凭证　　　　　　　　　　B. 通用记账凭证

C. 记账凭证　　　　　　　　　　D. 专用记账凭证

9. 下列各项中,属于一次凭证的有(　　)。
  A. 收据　　　　　　　　　　　B. 发货票
  C. 银行结算凭证　　　　　　　D. 工资结算汇总表

10. 职工出差的借款单,按其来源和填制手续属于(　　)。
  A. 自制原始凭证　　　　　　　B. 外来原始凭证
  C. 一次凭证　　　　　　　　　D. 累计凭证

11. 下列各项中,属于自制原始凭证的有(　　)。
  A. 发料汇总表　　　　　　　　B. 借款单
  C. 购货增值税专用发票　　　　D. 工资结算汇总表

12. 下列金额表示方法中,正确的是(　　)。
  A. ￥86.00　　　　　　　　　B. 人民币柒拾陆元整
  C. 人民币伍拾陆元捌角伍分整　D. ￥508.00

三、能力判断题

1. 原始凭证又称单据,是指在经济业务发生或完成时取得或填制的,用于记录或证明经济业务的发生或完成情况,明确经济责任的凭据。（　　）
2. 原始凭证对发生和完成的经济业务具有证明效力。（　　）
3. 会计人员对不真实、不合法的原始凭证有权不予接受,并向单位负责人报告。（　　）
4. 从外单位取得的原始凭证,可以没有公章,但必须有经办人员的签名或盖章。（　　）
5. 累计凭证是指在一定时期内多次记录发生的同类型经济业务且多次有效的原始凭证,如限额领料单。（　　）
6. 限额领料单属于一次凭证。（　　）
7. 企业使用累计原始凭证,如限额领料单,既可以对领料进行事前控制,又可以减少凭证的填制手续。（　　）
8. 外来原始凭证都是一次凭证。（　　）
9. 外来原始凭证是指会计部门从外部购入的原始凭证。（　　）
10. 自制原始凭证都应该由会计人员填制,以保持原始凭证填制的正确性。（　　）
11. "发出材料汇总表"属于累计原始凭证。（　　）
12. 从外单位取得的原始凭证,必须有填制单位的公章。（　　）

提升能力训练

一、单项选择题

1. 下列项目中,属于货币资金的是( )。
   A. 商业承兑汇票　　　　　　　　B. 银行承兑汇票
   C. 银行本票存款　　　　　　　　D. 可转换债券
2. 下列项目中,不属于有价证券的是( )。
   A. 银行汇票　　　B. 国库券　　　C. 股票　　　D. 企业债券
3. 下列项目中,不属于企业财物的是( )。
   A. 燃料　　　B. 在产品　　　C. 设备　　　D. 专利技术
4. 债务是指由过去的交易或者事项形成的,企业需要以( )等偿付的现时义务。
   A. 资产或劳务　　　　　　　　B. 资本或劳务
   C. 资产或债权　　　　　　　　D. 收入或劳务
5. 成本是企业为生产产品、提供劳务而发生的各项耗费,是( )了的费用。
   A. 加总计算　　　B. 计算分析　　　C. 对象化　　　D. 日常核算
6. 企业在一定时期内通过从事生产经营活动而在财务上取得的结果称为( )。
   A. 经营业绩　　　B. 财务成果　　　C. 财务状况　　　D. 盈利能力
7. ( )是记录经济业务发生或完成情况的书面证明,也是登记账簿的依据。
   A. 科目汇总表　　　B. 会计凭证　　　C. 原始凭证　　　D. 记账凭证
8. 华达公司于 2003 年 1 月 7 日开出一张现金支票,对出票日期正确的填写方法是( )。
   A. 贰零零叁年壹月柒日　　　　　　B. 贰零零叁年零壹月零柒日
   C. 贰零零叁年零壹月柒日　　　　　　D. 贰零零叁年壹月零柒日

二、多项选择题

1. 下列项目中,属于有价证券的有( )。
   A. 银行本票　　　B. 国库券　　　C. 股票　　　D. 企业债券
2. 下列项目中,属于费用的有( )。
   A. 管理费用　　　B. 预付账款　　　C. 材料采购　　　D. 销售费用
3. 下列项目中,属于债权的有( )。
   A. 应收款项　　　B. 应付款项　　　C. 预付款项　　　D. 预收款项

4. 下列项目中,属于债务的有( )。
   A. 各项借款　　　B. 应收款项　　　C. 应付款项　　　D. 预收款项
5. 财物是财产、物资的简称,下列项目中,属于财物的有( )。
   A. 库存商品　　　B. 固定资产　　　C. 无形资产　　　D. 应收及预付款
6. 下列项目中,属于财务成果计算和处理内容的有( )。
   A. 利润的计算　　B. 所得税的计算　C. 利润分配　　　D. 亏损弥补
7. 外来原始凭证一般有( )特征。
   A. 从企业外部取得的　　　　　　　B. 由企业会计人员填制的
   C. 属于一次凭证的　　　　　　　　D. 盖有填制单位公章的
8. 关于原始凭证的填制,下列说法中,正确的有( )。
   A. 不得以虚假的交易或事项为依据填制原始凭证
   B. 购买实物的原始凭证,必须有验收证明
   C. 原始凭证应在交易或事项发生或完成时及时填制
   D. 自制原始凭证必须有经办部门负责人或其指定人员的签名或盖章
9. 有价证券包括( )。
   A. 债权性证券　　B. 权益性证券　　C. 混合型证券　　D. 银行汇票

三、能力判断题

1. 成本是企业为生产产品、提供劳务而发生的各种耗费,因而企业发生的各项费用都是成本。　　　　　　　　　　　　　　　　　　　　　　　　　　　　( )
2. 各项借款、应付和预付款项都是企业的债务。　　　　　　　　　　　( )
3. 财务成果具体表现为盈利或亏损。　　　　　　　　　　　　　　　　( )
4. 银行汇票、银行本票和信用证存款都属于有价证券。　　　　　　　　( )
5. 会计上的资本既包括投入资本,也包括借入资本。　　　　　　　　　( )
6. 费用是企业发生的各项开支,以及在正常经营活动以外的支出和损失。( )
7. 款项和有价证券是企业流动性最差的资产。　　　　　　　　　　　　( )
8. 财物是财产、物资的简称,包括原材料、机器设备和企业的一些款项。( )
9. 凡是不能证明经济业务已经发生或完成的各种单据、文件,都不属于原始凭证。
   　　　　　　　　　　　　　　　　　　　　　　　　　　　　　　　( )
10. 在签发支票时,"5 200.50元"的汉字大写金额应写成"伍仟贰佰元伍角"。( )
11. 原始凭证发生错误,正确的更正方法是由出具单位在原始凭证上更正。( )
12. 原始凭证金额有错误的,应当由出具单位更正并加盖出具单位印章。　( )
13. 现行税制发票分为增值税专用发票和增值税普通发票两大类。　　　　( )

专业应用能力训练

1. 请根据下列原始凭证,用文字叙述其所代表的经济业务。

凭证 1-1

江苏省增值税普通发票

3200098220　　　　　　　　　　　　　　　　　　开票日期：2020 年 09 月 01 日

购货单位	名　称：无锡洪运股份有限公司 纳税人识别号：320200187755112 地址、电话：人民路 598 号 0510-63297110 开户行及账号：建行无锡新区支行 234800009876-89	密码区	（略）

货物或应税劳务、服务名称	规格型号	单位	数量	单价	金额	税率	税额
甲产品		千克	3 000	10	30 000.00	13%	3 900.00
乙产品		千克	5 000	8	40 000.00	13%	5 200.00
合计					¥70 000.00		¥9 100.00

价税合计（大写）	柒万玖仟壹佰元整	（小写）¥ 79 100.00

销售方	名　称：东方股份有限公司 纳税人识别号：320100187117231 地址、电话：南京大桥路 76 号 025-32987622 开户行及账号：工行南京分行 298675209871	备注	

收款人：　　　　复核：　　　　开票人：丁海波　　　　销售方：（章）

经济业务：_____

凭证 2-1

江苏省无锡市通用发票

付款单位（个人）：无锡洪运股份有限公司　　　发票代码（略）
收款单位：无锡金鑫大酒店　　　　　　　　　　发票号码 21309711
纳税人识别号：320200086751611　　　　　　　机打票号 21309711

项目及金额	项目	单位	数量	单价	金额	附注：
	餐费				2 300.00	

合计（大写）	贰仟叁佰元整	（小写）¥2 300.00

机器编号　　开票人　黄力　　　　　开票日期：2020 年 09 月 02 日
税控码　　　　　　　　　　　　　　电话（略）
收款单位（盖章有效）　　　　　　　机打发票　手写无效

经济业务：_____

凭证 3-1

差旅费报销单
2020 年 09 月 07 日

姓名		李平	工作部门		行政部			出差事由			商务谈判		
日期		地点		车船费			深夜补贴	途中补贴	住勤费		旅馆费	公交费	金额合计
起	讫	起	讫	车次或船名	时间	金额			地区	天数	补贴		
2020-09-01	2020-09-06	常州	山东			600.00			山东	6	600.00	1 300.00		2 500.00
报销金额(大写)			贰仟伍佰元整								¥2 500.00		

领导批准：李小兵　　会计主管：程前　　部门负责人：李金　　审核：丁一明　　报销人：李平

经济业务：＿＿＿＿＿＿＿＿＿＿＿＿＿＿＿＿＿＿＿＿＿＿＿＿＿＿＿＿＿＿＿＿＿＿＿＿＿

凭证 4-1

出库单（记账凭证）
2020 年 09 月 01 日

科目	库存商品												
名称	单位	数量	单价	金 额								用途	
				百	十	万	千	百	十	元	角	分	
甲产品	件	600	230.00		1	3	8	0	0	0	0	0	销售
合计				¥	1	3	8	0	0	0	0	0	

主管：　　　　会计：　　　　保管员：　　　　经手人：王明山

经济业务：＿＿＿＿＿＿＿＿＿＿＿＿＿＿＿＿＿＿＿＿＿＿＿＿＿＿＿＿＿＿＿＿＿＿＿＿＿

凭证 5-1

借 款 单

2020 年 09 月 02 日

借款单位：采购科		
借款理由：参加订货会		
借款金额：人民币（大写）贰仟元整		小写：￥2 000.00
单位负责人： 　　　同意 　　　李天元　2020年9月2日		借款人（签字）：王刚
领导批示：	会计主管人员审批： 　　同意 　　王建华 　2020年9月2日	付款记录： 　年　月　日以第　号 支票或现金支出凭单付给

经济业务：_____

凭证 5-2

中国工商银行
现金支票存根
XIV 070809656

附加信息 _____
_____
_____
_____

出票日期：2020 年 09 月 02 日
收款人：王刚
金额：￥2 000.00
用途：差旅费
单位主管：　　　　会计：

经济业务：_____

2. 请根据提示填制原始凭证。

（1）2020 年 09 月 01 日，北京南方股份有限公司开出 1 000.00 元的现金支票一张，从银行提取备用金，请填写现金支票。（密码器的签发人口令是 2873－2597－9118－6688，法人：赵洲翔）

（2）2020年09月10日，耀洋贸易有限公司销售员林建国预借差旅费2 500.00元，出纳签发现金支票给林建国（签发支票给个人），请根据原始单据（借款单）填制现金支票。（密码器的签发人口令是2872－6549－9118－5188，法人：曾柯昕）

借款单

2020年09月10日　　　　　　　　　　　　　　　　第 098723 号

借款部门	销售部	姓名	林建国	事由	出差	
借款金额(大写)	零万贰仟伍佰零拾零元零角零分				￥2 500.00	
部门负责人签署	同意 董艳燕		借款人签章	林建国	注意事项	一、凡借用公款必须使用本单 二、出差返回后三天内结算
单位领导批示	同意 曾柯昕		财务经理审核意见	刘阿兰		

交通银行 现金支票存根

30101112
23099049

附加信息

收款日期　年　月　日

收款人：
金　额：
用　途：
单位主管　　会计

交通银行　现金支票

30101112
23099049

出票日期(大写)　年　月　日　　付款行名称：交通银行北京分行
收款人：　　　　　　　　　　　出票人账号：120200010019200123779

人民币(大写)　　　　　　　　　亿千百十万千百十元角分

用途_____　　　　密码_____
上列款项请从
我账户内支付
出票签章　　　　　　　复核　　　记账

付款期限自出票之日起十天

附加信息：

收款人签章
年　月　日

身份证件名称：　　发证机关：
号码

(贴粘单处)

根据《中华人民共和国票据法》等法律法规的规定,签发空头支票由中国人民银行处以票面金额5%但不低于1 000元的罚款。

（3）2020年09月14日,北京南方股份有限公司收到昌盛实业有限公司的一张转账支票,到本公司开户行(交通银行北京分行)办理进账,请先进行支票的背书处理,然后转下题填写进账单。

交通银行　转账支票	30101122 23909821

出票日期(大写)：貳零貳零年玖月壹拾肆日
付款行名称：交通银行北京西城支行
收款人：北京南方股份有限公司
出票人账号：110007632313001078967
人民币(大写)：捌仟贰佰叁拾玖元捌角整
¥ 823980

用途：支付货款
密码：9809876543567891
行号：_____
上列款项请从我账户内支付
出票签章：昌盛实业有限公司 财务专用章 / 张玉城印
复核　　记账

付款期限自出票之日起十天

附加信息：

被背书人	被背书人
背书人签章 年 月 日	背书人签章 年 月 日

（4）2020年09月14日,承上一题,请填写银行进账单。

交通银行 进账单(回单) 1
年　月　日

出票人	全称		收款人	全称		亿千百十万千百十元角分
	账号			账号		
	开户银行			开户银行		
金额	人民币(大写)					亿千百十万千百十元角分
票据种类		票据张数				
票据号码						

复核　　记账　　　　　　　　　　开户银行签章

此联是开户银行交给持票人的回单

(5) 2020 年 09 月 11 日,北京化工有限公司从联科化工有限公司购进原材料一批,价款 9 580.00 元,以转账支票支付,请填制转账支票。(密码器的签发人口令是 2872 - 6463 - 5117 - 8108,法人:王靓瑛)

(6) 2020 年 09 月 26 日,北京化工有限公司的采购员李明交回多余差旅费款 195.00 元,请填写收回余款的收款收据(由马峰开具并收款)。

收 款 收 据

NO.76768321

年　月　日

今收到＿＿＿＿＿＿＿＿＿＿＿＿＿＿＿＿＿＿＿＿＿＿＿＿＿＿

交来：＿＿＿＿＿＿＿＿＿＿＿＿＿＿＿＿＿＿＿＿＿＿＿＿＿＿＿

金额（大写）　拾　万　仟　佰　拾　元　角　分

¥＿＿＿＿＿＿　□现金　□支票　□信用卡　□其他

收款单位（盖章）

核准：　　会计：　　记账：　　出纳：　　经手人：

第一联　存根

（7）2020年09月14日，销售部员工刘华亭向公司预借差旅费2 000.00元，请以借款人的身份填制个人借款单。（备注：签章请选择经办人签章）

借 款 单

NO.02859

年　月　日

借款人：	所属部门：
借款用途：	
借款金额：人民币（大写）	
部门负责人审批：	借款人（签章）：
财务部门审核：	
单位负责人批示：	签字：
核销记录：	

第一联　付款联（付款人记账）

（8）2020年09月20日，天江有限公司张利宾交来材料编号为SL070的炼乳300 kg，仓管员王颖宏实收炼乳300 kg，请填制收料单。

收 料 单

年　月　日　　　　　编号：10057

供应单位：

材料编号	名称	单位	规格	数量		实际成本			
				应收	实收	单价	发票价格	运杂费	总价
备注：									

收料人：　　　　　　　　　　　　　　　　　交料人：

第一联　存根联

（9）2020年09月11日，徐州糖果食品有限公司准备将收到的废品款345.65元存入银行，请填制现金交款单。（收款银行：中国建设银行徐州市泉山区支行，收款银行账号：96583214）

中国建设银行
China Construction Bank

现 金 交 款 单

币别：　　　　　　　　　　年　月　日　　　　　流水号：

单位填写	收款单位		交款人											
	账　号		款项来源											
	（大写）			亿	千	百	十	万	千	百	十	元	角	分
银行确认栏														

现金回单（无银行打印记录及银行签章此单无效）

第一联　银行记账凭证

复核：　　　　　录入：　　　　　出纳：

项目五

核算企业基本经济业务

知识认知能力训练

1. 投资者投入的主体有：_____、_____、_____、个人资本金。
2. 投资者投入的形式有：_____、_____、_____。
3. 企业的资金主要来源有：一是_____；二是_____。
4. 接受投资者投入涉及的所有者权益类账户有：_____、_____。
5. 超过注册资本的部分计入_____。
6. "实收资本"账户属于_____类账户，反映_____的增减变动，股份制企业可设_____账户。
7. "财务费用"账户属于_____类账户，反映和监督企业为筹集生产经营所需资金等发生的_____费用(如利息、汇兑损益等)情况。借方登记企业发生的各项财务费用，贷方登记月末结转当期损益的财务费用，月末_____。本账户可以按_____进行明细分类核算。
8. 采购业务的主要任务是_____，_____。
9. 材料验收入库计入_____账户；材料未验收入库计入_____账户。
10. 增值税进项税额 = _____ × _____。
11. 增值税专用发票一般有_____联，采购业务发生时增值税专用发票由_____开出，购货方取得_____联和_____联。
12. "在途物资"账户是_____类账户，也是_____成本计算账户。
13. 产品的生产过程是_____。
14. 为了生产产品，_____、_____、_____、_____等生产消耗最终应归集分配到各种产品成本中去，构成产品成本。与产品生产无直接关系的各项费用，如_____、_____应作为_____直接计入当期损益，不计入产品成本。

15. 生产业务的核算类型:业务一_____,业务二_____,业务三_____,业务四_____,业务五_____,业务六_____,业务七_____,业务八_____,业务九_____。

16. _____账户用来归集和分配企业各基本生产单位为生产产品而发生的成本。借方登记_____,贷方登记_____,期末除季节性生产企业外,应将制造费用全额分配出去,因此该账户期末_____。分配制造费用的标准有_____、_____、_____等。

17. 属于制造费用的项目有:_____、_____、_____、_____、_____、_____等。

18. 管理费用反映的是企业_____在经营管理中发生的费用支出,如公司经费(包括_____、_____、_____、_____、_____等)、劳动保护费、工会经费、待业保险费、劳动保险费、聘请中介机构费、咨询费(含顾问费)、诉讼费、_____、_____、_____、_____、技术转让费、矿产资源补偿费、_____、_____、研究与开发费、排污费、存货盘亏或盘盈(不包括应计入营业外支出的存货损失)等。

19. _____包括企业为生产产品所发生的费用。

20. _____是生产多种产品共同发生的费用,无法区分是何种产品生产所耗用,因而不能在发生当时就计入各种产品成本中,必须先_____在一起,到期末时,按一定标准,采用科学方法将这部分费用_____到所生产的产品成本中去。

21. "生产成本"账户是_____类账户,用来核算产品生产过程中发生、应计入_____,计算产品的_____,期末借方余额表示_____。

22. 销售过程核算的主要内容包括_____、_____、_____。

23. "主营业务收入"账户是_____类账户,用来核算企业_____、_____、_____等日常活动中实现的收入,期末将该账户借贷相抵的差额转入_____,结转后本账户_____。

24. 销售库存商品实现收入时,按配比原则要确认为取得收入而花费的代价,将已销产品的成本计入_____账户的借方,同时计入库存商品账户的_____;期末结转时,计入_____账户的借方,同时计入_____账户的贷方。

25. 企业计算产品销售应缴纳的教育费附加应借记_____账户,贷记_____账户。

26. 产品的销售成本 = _____ × _____。

27. 利润是指_____所取得的收益超过其发生的费用的差额,如果收益不足以弥补费用则发生_____。

28. 利润总额 = ＿＿＿＿＿＿＿ + ＿＿＿＿＿＿＿＿＿＿＿＿。
29. 营业利润 = ＿＿＿＿＿＿＿ - ＿＿＿＿＿＿＿ - ＿＿＿＿＿＿＿ - ＿＿＿＿＿＿＿ - ＿＿＿＿＿＿＿ - ＿＿＿＿＿＿＿ ± ＿＿＿＿＿＿＿ ± ＿＿＿＿＿＿＿。
30. 净利润 = ＿＿＿＿＿＿＿＿＿＿＿＿＿＿＿＿＿＿。
31. 应纳所得税额 = ＿＿＿＿＿＿＿＿＿＿＿＿＿ × ＿＿＿＿＿＿＿＿＿＿＿。
32. "本年利润"账户是＿＿＿＿＿＿类账户,核算企业在本年度内＿＿＿＿＿＿,年末将本年收入和支出相抵后的差额(除所得税外)转入＿＿＿＿＿＿账户,年度结转后,本账户＿＿＿＿＿＿。
33. "利润分配"账户是＿＿＿＿＿＿类账户,用来核算企业利润的分配(或亏损的弥补)及历年分配(或弥补)后的余额。该账户贷方登记年末由＿＿＿＿＿＿转入的全年实现的＿＿＿＿＿＿,借方登记由＿＿＿＿＿＿转入的＿＿＿＿＿＿或者进行利润分配的数额;期末余额在贷方,反映＿＿＿＿＿＿,期末余额在借方,反映＿＿＿＿＿＿。应该设置＿＿＿＿＿＿、＿＿＿＿＿＿、＿＿＿＿＿＿等明细账进行明细分类核算。
34. "盈余公积"账户是＿＿＿＿＿＿类账户,反映盈余公积的＿＿＿＿＿＿等增减变化情况。企业一般按照＿＿＿＿＿＿提取法定盈余公积。

基础能力训练

一、单项选择题

1. "注册资本"记入( )账户。
   A. 实收资本　　B. 资本公积　　C. 投资收益　　D. 盈余公积
2. 企业接受投资者投入的资本,借记"银行存款""固定资产""无形资产"等科目,按其在注册资本或股本中所占份额,贷记( )科目。
   A. 实收资本　　B. 资本公积　　C. 固定资产　　D. 盈余公积
3. 下列各项中,用于核算企业接受投资者投入资本的账户是( )。
   A. 短期借款　　B. 实收资本　　C. 盈余公积　　D. 资本公积
4. 企业收到投资者投入的资本时,应贷记( )账户。
   A. 投资收益　　B. 实收资本　　C. 资本公积　　D. 盈余公积
5. 向银行借入期限6个月的借款存入银行,应贷记( )。
   A. 银行存款　　B. 短期借款　　C. 长期借款　　D. 应付账款

6. 企业按月计提短期借款利息时,应贷记(　　)账户核算。
   A. 应付利息　　　B. 短期借款　　　C. 财务费用　　　D. 管理费用

7. 2020年9月1日,甲公司向银行借入资金400 000元,借款期限1年,年利率为6%,甲公司借入款项时应编制的会计分录为(　　)。
   A. 借：短期借款　　　　400 000　　　B. 借：银行存款　　　　400 000
      贷：银行存款　　　　　400 000　　　　　贷：短期借款　　　　　400 000
   C. 借：长期借款　　　　400 000　　　D. 借：银行存款　　　　400 000
      贷：银行存款　　　　　400 000　　　　　贷：长期借款　　　　　400 000

8. 某企业为增值税一般纳税人,购入材料一批,取得的增值税专用发票注明：买价150 000元,增值税税额19 500元；另支付运费1 000元,增值税税额90元。则该材料收到时的入账价值为(　　)元。
   A. 151 000　　　B. 169 500　　　C. 170 500　　　D. 170 590

9. 下列项目中,不属于外购材料的成本的是(　　)。
   A. 运杂费　　　　　　　　　　　B. 入库前的挑选整理费
   C. 运输途中的合理损耗　　　　　D. 入库后的保管费用

10. 运杂费计入(　　)。
    A. 材料采购成本　　　　　　　　B. 产品生产成本
    C. 制造费用　　　　　　　　　　D. 管理费用

11. C公司为增值税一般纳税人(工业企业),材料按实际成本计价。2020年9月,C公司发生如下经济业务：9月3日,购进原材料一批,货款70 000元,增值税税额9 100元,材料已验收入库,货款已转账付出。此经济业务的会计分录(写出一级科目即可)为(　　)。
    A. 借：原材料　　　　　70 000　　　B. 借：库存商品　　　　70 000
         应交税费　　　　 9 100　　　　　 应交税费　　　　　 9 100
       贷：银行存款　　　 79 100　　　　贷：银行存款　　　　79 100
    C. 借：在途物资　　　　70 000　　　D. 借：在途物资　　　　79 100
         应交税费　　　　 9 100　　　　　贷：原材料　　　　　70 000
       贷：银行存款　　　 79 100　　　　　　应交税费　　　　 9 100

12. 会计分录"借：应付账款　贷：银行存款"反映的经济业务是(　　)。
    A. 购入商品,款暂欠　　　　　　B. 购入商品,同时付款
    C. 以银行存款支付前欠货款　　　D. 收到前欠货款

13. 购入材料,材料未入库,应借记(　　)科目。
    A. 原材料　　　B. 在途物资　　　C. 存货　　　D. 银行存款

14. A公司为增值税一般纳税人,向B公司订购材料,签订采购合同,确定价款300 000元,增值税税额39 000元,价税合计339 000元。A公司预付了价税合计款的50%,应(　　)元。
    A. 贷记"预付账款"339 000　　　B. 借记"预付账款"339 000

  C. 贷记"预付账款"169 500　　　　　　D. 借记"预付账款"169 500

15. 专设销售机构领用原材料,会计分录应借记(　　)。
  A. 生产成本　　B. 制造费用　　C. 管理费用　　D. 销售费用

16. "五险一金"中的一金是指(　　)。
  A. 养老保险金　　B. 医疗保险金　　C. 失业保险金　　D. 住房公积金

17. 企业生产工人的工资,应记入(　　)。
  A. "制造费用"的借方　　　　　　B. "制造费用"的贷方
  C. "生产成本"的借方　　　　　　D. "生产成本"的贷方

18. 企业用现金支付本企业职工工资时,应(　　)。
  A. 借记"库存现金"　　　　　　　B. 贷记"应付职工薪酬——工资"
  C. 借记"应付职工薪酬——工资"　　D. 贷记"银行存款"

19. 职工预借差旅费,应借记(　　)账户。
  A. 其他应收款　　B. 应收账款　　C. 预付账款　　D. 管理费用

20. 计提固定资产折旧,应借记有关费用账户,贷记(　　)账户。
  A. 制造费用　　　　　　　　　　B. 固定资产
  C. 累计折旧　　　　　　　　　　D. 固定资产清理

21. 企业发生的间接费用应先在"制造费用"账户归集,期末再按一定的标准和方法分配记入(　　)账户。
  A. 管理费用　　B. 生产成本　　C. 本年利润　　D. 库存商品

22. 企业生产的产品完工,应将其生产成本转入(　　)账户。
  A. 库存商品　　　　　　　　　　B. 主营业务成本
  C. 营业外支出　　　　　　　　　D. 本年利润

23. 企业销售产品时以银行存款为购货方垫付包装费、运杂费,应借记(　　)科目。
  A. 银行存款　　　　　　　　　　B. 其他应收款
  C. 销售费用　　　　　　　　　　D. 应收账款

24. 下列项目中,不应作为"其他业务收入"核算的是(　　)。
  A. 销售产品　　　　　　　　　　B. 销售材料
  C. 出租无形资产　　　　　　　　D. 出租固定资产

25. 某企业以存款支付产品展览费5 000元,应借记(　　)科目。
  A. 管理费用　　B. 销售费用　　C. 财务费用　　D. 制造费用

26. 企业应将本期销售商品、提供劳务的成本结转到(　　)账户的借方。
  A. 主营业务成本　　　　　　　　B. 其他业务成本
  C. 营业外支出　　　　　　　　　D. 管理费用

27. 企业在结转销售材料成本时,应贷记的账户是(　　)。
  A. 劳务成本　　B. 原材料　　C. 累计摊销　　D. 累计折旧

28. 计算应交城市维护建设税时,借方应登记的科目为( )。
　　A. 税金及附加　　　　　　　　B. 主营业务成本
　　C. 营业外支出　　　　　　　　D. 销售费用

29. 计算应交教育费附加时,借方应登记的科目为( )。
　　A. 税金及附加　　　　　　　　B. 主营业务成本
　　C. 营业外支出　　　　　　　　D. 销售费用

30. 利润由营业利润、利润总额和( )三个层次构成。
　　A. 总利润　　　B. 净利润　　　C. 利得　　　D. 收益

31. 下列关于"本年利润"账户的表述中,正确的有( )。
　　A. 该账户属于损益类账户　　　　B. 该账户属于负债类账户
　　C. 该账户的余额一般在借方　　　D. 该账户属于所有者权益类账户

32. 甲公司 2020 年应纳税所得额为 100 万元,已知甲公司适用的企业所得税税率为 25%,则甲公司 2020 年应交所得税为( )万元。
　　A. 100　　　B. 25　　　C. 2.5　　　D. 125

33. 甲公司本年应缴纳企业所得税 200 000 元,本年应缴纳所得税的会计分录正确的是( )。
　　A. 借:应交所得税　　　　　　　　　　　　200 000
　　　　贷:应交税费——应交所得税　　　　　　　　200 000
　　B. 借:所得税费用　　　　　　　　　　　　200 000
　　　　贷:应交所得税　　　　　　　　　　　　　　200 000
　　C. 借:所得税费用　　　　　　　　　　　　200 000
　　　　贷:应交税费——应交所得税　　　　　　　　200 000
　　D. 借:应交税费——所得税费用　　　　　　200 000
　　　　贷:应交税费——应交所得税　　　　　　　　200 000

34. 年末,将"本年利润"账户内累计实现的净利润转入"利润分配——未分配利润"账户,会计处理正确的是( )。
　　A. 借:本年利润　　　　　　　　　B. 借:本年利润
　　　　贷:利润分配——未分配利润　　　　贷:未分配利润
　　C. 借:利润分配——未分配利润　　　D. 借:未分配利润
　　　　贷:未分配利润　　　　　　　　　　贷:本年利润

35. 下列利润的分配顺序中,正确的是( )。
　　A. 提取法定盈余公积、提取任意盈余公积、向投资者支付股利(分配利润)、弥补以前年度亏损
　　B. 弥补以前年度亏损、向投资者支付股利(分配利润)、提取法定盈余公积、提取任意盈余公积

C. 弥补以前年度亏损、提取任意盈余公积、提取法定盈余公积、向投资者支付股利（分配利润）

D. 弥补以前年度亏损、提取法定盈余公积、提取任意盈余公积、向投资者支付股利（分配利润）

36. 提取法定盈余公积应借记（   ）。
    A. 利润分配——提取任意盈余公积　　B. 利润分配——提取法定盈余公积
    C. 本年利润　　　　　　　　　　　　D. 法定盈余公积

二、多项选择题

1. 下列项目中，属于"实收资本"明细分类账户的有（   ）。
   A. 国家资本　　　B. 法人资本　　　C. 外商资本　　　D. 个人资本
2. 企业的资金来源主要有两个，即（   ）。
   A. 从金融机构借款　　　　　　　B. 接受投入
   C. 超过注册资本的部分　　　　　D. 捐赠
3. 材料采购成本包括（   ）。
   A. 买价　　　　　　　　　　　　B. 运输途中的合理损耗
   C. 运杂费　　　　　　　　　　　D. 入库前的挑选整理费
4. 某企业为增值税一般纳税人，购入原材料一批，价款110 000元，增值税进项税额14 300元，材料尚未入库，货款已用银行存款支付，则用借贷记账应做的记录有（   ）。
   A. "原材料"账户借方110 000元　　　B. "应交税费"账户借方14 300元
   C. "在途物资"账户借方110 000元　　D. "银行存款"账户贷方124 300元
5. 下列项目中，（   ）属于产品成本项目。
   A. 管理费用　　　B. 制造费用　　　C. 直接材料　　　D. 直接人工
6. 生产产品领用原材料，应做的记录为（   ）。
   A. 借记"生产成本"　　　　　　　B. 贷记"原材料"
   C. 借记"销售费用"　　　　　　　D. 贷记"生产成本"
7. 企业计提固定资产折旧时，下列记录正确的有（   ）。
   A. 计提公司总部行政管理部门固定资产折旧，借记"管理费用"科目，贷记"累计折旧"科目
   B. 计提生产车间固定资产折旧，借记"制造费用"科目，贷记"累计折旧"科目
   C. 计提专设销售机构固定资产折旧，借记"销售费用"科目，贷记"累计折旧"科目
   D. 计提财务部门固定资产折旧，借记"财务费用"科目，贷记"累计折旧"科目

8. 下列项目中,属于工业企业"其他业务收入"核算内容的有(　　)。
   A. 提供运输劳务取得的收入　　　　B. 销售固定资产取得的收入
   C. 销售材料取得的收入　　　　　　D. 罚款收入
9. 甲企业为增值税一般纳税人,销售商品售款 150 000 元,增值税 19 500 元,甲企业代垫运费 800 元,增值税 72 元,用银行存款支付,货款和垫付运费均未收到,则垫付运费分录为(　　)。
   A. "应收账款"账户借方 872 元　　　B. "应收账款"账户借方 170 372 元
   C. "银行存款"账户贷方 872 元　　　D. "主营业务收入"账户贷方 150 000 元
10. "销售费用"账户核算的内容包括(　　)。
    A. 销售商品过程中发生的包装费、运杂费
    B. 专设销售机构人员的工资
    C. 销售科管理人员的工资
    D. 展览费、广告费
11. 利润的三个层次是(　　)。
    A. 营业利润　　　B. 利润总额　　　C. 净利润　　　D. 收益
12. 下列关于"营业外支出"账户的表述中,正确的有(　　)。
    A. 它是损益类账户　　　　　　　　B. 该账户属于负债类账户
    C. 该账户的余额一般在借方　　　　D. 期末结转后该账户一般无余额
13. 期末,转入"本年利润",会计处理正确的是(　　)。
    A. 借:本年利润　　　　　　　　　B. 借:本年利润
       贷:管理费用　　　　　　　　　　 贷:销售费用
    C. 借:本年利润　　　　　　　　　D. 借:本年利润
       贷:财务费用　　　　　　　　　　 贷:主营业务收入

三、能力判断题

1. 材料采购成本中包括增值税进项税额。　　　　　　　　　　　　　　　(　　)
2. 购入材料,材料验收入库,款未付,应贷记"应付账款"。　　　　　　　　(　　)
3. 运费可以按照买价、重量、体积等标准分配。　　　　　　　　　　　　(　　)
4. "累计折旧"账户期末余额通常在借方,反映企业固定资产的累计折旧额。(　　)
5. "五险一金"包括养老保险、医疗保险、失业保险、工伤保险和生育保险,以及住房公积金。　　　　　　　　　　　　　　　　　　　　　　　　　　　　　　　(　　)
6. 企业计提生产用的固定资产折旧应借记"生产成本"账户,贷记"累计折旧"账户。
   　　　　　　　　　　　　　　　　　　　　　　　　　　　　　　　　(　　)

7. 制造费用可以按生产工时、基本生产工人工资、机器设备工时等标准分配。（ ）
8. "应收票据"是损益类账户。（ ）
9. 向异地的某公司销售商品，货款 15 000 元，增值税税额 1 950 元，为其代垫运杂费 650 元，企业借记"应收账款"科目的金额应为 16 950 元。（ ）
10. 利润或亏损均为财务成果，这是企业进行资金运动的最终成果。（ ）
11. "所得税费用"是负债类账户。（ ）

提升能力训练

一、单项选择题

1. 企业接受固定资产投资，除了应记入"固定资产"账户和"实收资本"账户外，还可能涉及的账户是（   ）。
   A. "累计折旧"　　　　　　　　　　B. "资本公积"
   C. "盈余公积"　　　　　　　　　　D. "其他业务收入"

2. 企业每月计提借款利息，银行应提供（   ）原始凭证。
   A. 进账单　　　B. 借款借据　　　C. 利息清单　　　D. 出资证明

3. "固定资产"账户核算企业现有固定资产的（   ）。
   A. 原值　　　　B. 净值　　　　C. 账面价值　　　D. 折旧值

4. 下列项目中，不应记入"财务费用"账户的是（   ）。
   A. 利息支出　　　　　　　　　　B. 汇兑损失
   C. 支付金融机构手续费　　　　　D. 财务会计人员工资

5. 某企业为增值税一般纳税人，购入不需要安装的设备一台，取得的增值税专用发票注明买价 40 000 元，增值税税额 5 200 元，另支付运杂费 1 200 元，保险费 600 元。则该设备的入账价值为（   ）元。
   A. 41 800　　　B. 45 200　　　C. 47 000　　　D. 41 200

6. 某企业购买材料一批，买价 3 000 元，增值税进项税额为 390 元，运杂费 200 元，开出商业汇票支付，但材料尚未收到，应贷记（   ）科目。
   A. "原材料"　　　B. "在途物资"　　　C. "银行存款"　　　D. "应付票据"

7. 当企业不设置"预付账款"科目时，预付账款应通过（   ）核算。
   A. 应收账款的借方　　　　　　　B. 应收账款的贷方
   C. 应付账款的借方　　　　　　　D. 应付账款的贷方

8. 某企业为增值税一般纳税人，购入甲材料 800 千克、乙材料 600 千克，增值税专用发票上注明甲材料的买价为16 000元,乙材料的买价为18 000元,增值税税额为4 420元。甲、乙材料共同发生运杂费4 480元,其中运费4 000元,运费中允许抵扣的增值税进项税额为360元。企业规定按甲、乙材料的重量比例分配采购费用。则甲材料应负担的运杂费为(　　)元。

　　A. 2 400　　　　B. 2 560　　　　C. 2 240　　　　D. 2 000

9. 当企业不设置"预收账款"科目时,预收账款应通过(　　)核算。

　　A. 应收账款的借方　　　　　　B. 应收账款的贷方
　　C. 应付账款的借方　　　　　　D. 应付账款的贷方

10. 某企业生产车间主任出差归来,报销会议费等差旅费1 560元,应借记(　　)科目。

　　A. "管理费用"　　B. "制造费用"　　C. "财务费用"　　D. "销售费用"

11. 某企业为生产车间机器设备计提折旧5 800元,应借记(　　)科目。

　　A. "制造费用"　　B. "生产成本"　　C. "管理费用"　　D. "库存商品"

12. 某企业月初甲产品在产品成本为7 800元,本月为生产甲产品投入生产费用18 000元,月末在产品成本为6 200元,则本月完工入库甲产品成本为(　　)元。

　　A. 25 800　　　　B. 18 000　　　　C. 19 600　　　　D. 11 800

13. 某企业8月份一车间生产A、B两种产品,发生制造费用24 000元,要求按照生产工人的工资比例分配制造费用。8月份A产品生产工人工资为80 000元,B产品生产工人工资为40 000元。则B产品应负担的制造费用为(　　)元。

　　A. 16 000　　　　B. 8 000　　　　C. 12 000　　　　D. 24 000

14. 厂部李某出差,预借差旅费6 000元,应借记(　　)科目。

　　A. "管理费用"　　　　　　　　B. "销售费用"
　　C. "其他应付款"　　　　　　　D. "其他应收款"

15. 下列票据中,应通过"应收票据"账户核算的是(　　)。

　　A. 现金支票　　B. 银行汇票　　C. 商业汇票　　D. 银行本票

16. 某企业以存款支付业务招待费4 200元,应借记(　　)科目。

　　A. "管理费用"　　B. "销售费用"　　C. "财务费用"　　D. "制造费用"

17. 某企业以存款支付合同违约金4 500元,应借记(　　)科目。

　　A. "管理费用"　　　　　　　　B. "销售费用"
　　C. "其他业务收入"　　　　　　D. "营业外支出"

18. 某企业收到捐赠款12 000元,收存银行,应贷记(　　)科目。

　　A. "主营业务收入"　　　　　　B. "其他业务收入"
　　C. "营业外收入"　　　　　　　D. "营业外支出"

19. 某企业2020年9月30日"本年利润"账户的贷方余额为20万元,表明(　　)。

　　A. 该企业2020年1—9月份的净利润为20万元

B. 该企业2020年9月份的净利润为20万元

C. 该企业2020年全年的净利润为20万元

D. 该企业2020年12月份的净利润为20万元

20. 利润分配结束后,"利润分配"总账所属的明细账中只有(　　)有余额。

　　A. 提取盈余公积　　　　　　　　B. 其他转入

　　C. 应付利润　　　　　　　　　　D. 未分配利润

21. 下列项目中,属于"营业外支出"账户核算内容的是(　　)。

　　A. 行政管理人员的工资　　　　　B. 各种销售费用

　　C. 借款的利息　　　　　　　　　D. 非常损失

22. 下列项目中,影响营业利润的因素是(　　)。

　　A. 营业外收入　　　　　　　　　B. 所得税费用

　　C. 管理费用　　　　　　　　　　D. 营业外支出

23. 所有损益类账户的期末余额都应结转至(　　)账户,结转后损益类账户无余额。

　　A. 利润分配——未分配利润　　　B. 本年利润

　　C. 实收资本　　　　　　　　　　D. 资本公积

二、多项选择题

1. A公司原由甲、乙、丙三人投资,三人各投入100万元。两年后丁想加入,经协商,甲、乙、丙、丁四人各拥有100万元的资本,但丁必须投入120万元的银行存款方可拥有100万元的资本。若丁以120万元投入A公司,并已办妥增资手续,则下列表述中能组合在一起形成该项经济业务会计分录的项目有(　　)。

　　A. 该笔业务应借记"银行存款"账户120万元

　　B. 该笔业务应贷记"实收资本"账户100万元

　　C. 该笔业务应贷记"资本公积"账户20万元

　　D. 该笔业务应贷记"银行存款"账户120万元

2. 向银行借款应计入(　　)。

　　A. 短期借款　　　　　　　　　　B. 应付账款

　　C. 应付利息　　　　　　　　　　D. 长期借款

3. 接受投资者投入50万元,存入银行,涉及的原始凭证有(　　)。

　　A. 验资证明　　　　　　　　　　B. 银行进账单

　　C. 银行借据　　　　　　　　　　D. 固定资产投资交接单

4. 短期借款利息应计入(　　)。

　　A. 长期借款　　　　　　　　　　B. 短期借款

C. 财务费用 D. 应付利息

5. 材料采购费用包括(　　)。
   A. 买价 B. 运输途中的合理损耗
   C. 运杂费 D. 入库前的挑选整理费
   E. 国外进口材料应负担的进口关税

6. 在借贷记账法下,当贷记银行存款时,下列会计科目可能成为其对应科目的有(　　)。
   A. 应交税费 B. 库存现金
   C. 在途物资 D. 本年利润

7. 下列项目中,属于期间费用的有(　　)。
   A. 管理费用 B. 制造费用
   C. 财务费用 D. 销售费用

8. 领用材料进行生产时涉及的原始凭证有(　　)。
   A. 领料单 B. 领料凭证汇总表
   C. 限额领料单 D. 汇总原始凭证

9. 某企业 2020 年 9 月销售一批化妆品,化妆品的成本为 80 万元,为了销售发生推销费用 0.5 万元,化妆品的销售价款为 100 万元,应收取的增值税销项税额为 13 万元,因销售该批化妆品应缴纳的消费税为 30 万元。根据该项经济业务,下列表述正确的有(　　)。
   A. "主营业务成本"账户应反映借方发生额 80 万元
   B. "主营业务收入"账户应反映贷方发生额 100 万元
   C. "税金及附加"账户应反映借方发生额 30 万元
   D. "销售费用"账户应反映借方发生额 0.5 万元

10. 以下税费通过"税金及附加"账户核算的有(　　)。
    A. 增值税 B. 消费税
    C. 城市维护建设税 D. 教育费附加

11. 在借贷记账法下,当贷记主营业务收入时,下列会计科目可能成为其对应科目的有(　　)。
    A. 应收账款 B. 银行存款
    C. 利润分配 D. 应收票据

12. 以银行存款支付本企业负担的销售产品的运输费 1 000 元,则下列表述中正确的有(　　)。
    A. 该笔业务应借记"销售费用"账户 1 000 元
    B. 该笔业务应借记"在途物资"账户 930 元
    C. 该笔业务应借记"应交税费——应交增值税(进项税额)"账户 90 元
    D. 该笔业务应贷记"银行存款"账户 1 000 元

13. 下列项目可以作为工业企业主营业务收入的有(   )。
    A. 提供工业性劳务取得的收入　　B. 销售产品取得的收入
    C. 销售材料取得的收入　　　　　D. 购买国库券取得的利息收入

14. 下列税金应列作税金及附加核算的有(   )。
    A. 增值税　　　B. 房产税　　　C. 印花税　　　D. 土地使用税

15. 下列项目中,属于"管理费用"账户核算内容的有(   )。
    A. 存货盘盈　　　　　　　　　B. 固定资产盘亏净损失
    C. 广告费　　　　　　　　　　D. 业务招待费

16. 下列项目中,不属于"销售费用"账户核算内容的有(   )。
    A. 广告费　　　　　　　　　　B. 产品展览费
    C. 业务招待费　　　　　　　　D. 厂部办公费

17. 下列会计科目中,可能成为"本年利润"账户对应科目的有(   )。
    A. 管理费用　　　　　　　　　B. 所得税费用
    C. 利润分配　　　　　　　　　D. 制造费用

18. 年末结账后,下列账户中一定没有余额的有(   )。
    A. 生产成本　　　　　　　　　B. 在途物资
    C. 本年利润　　　　　　　　　D. 主营业务收入

19. 下列关于"所得税费用"账户的表述正确的有(   )。
    A. 它是损益类账户
    B. 该账户的余额期末结账时应转入"本年利润"账户
    C. 该账户属于负债类账户
    D. 该账户的余额一般在贷方

20. 下列项目中,应记入"营业外收入"账户核算的有(   )。
    A. 固定资产盘盈　　　　　　　B. 收到罚款
    C. 无法偿付的应付款项　　　　D. 现金盘盈无法查明原因处理

21. 在借贷记账法下,当借记"管理费用"时,下列会计科目可能成为其对应科目的有(   )。
    A. 其他应收款　　　　　　　　B. 银行存款
    C. 利润分配　　　　　　　　　D. 累计折旧

22. 年末结转后,"利润分配"账户的余额可能表示(   )。
    A. 未分配利润　　　　　　　　B. 营业利润
    C. 利润总额　　　　　　　　　D. 未弥补亏损

23. 下列项目中,不属于"营业外收入"账户核算内容的有(   )。
    A. 无法支付的应付款项　　　　B. 盘盈固定资产
    C. 接受捐赠　　　　　　　　　D. 销售材料的利润

专业应用能力训练

训练一

(一) 筹资业务会计处理

1. 资金投入的会计处理

(1) 企业收到国家投入的资金 800 000 元,款项已存入银行。

(2) 企业收到远方公司投入的机器设备价值 400 000 元,增值税税额 52 000 元。

(3) 企业收到绿洲公司投入的甲材料 100 000 元,增值税税额 13 000 元。

2. 资金借入的会计处理

(1) 1月1日,企业从中国建设银行借入期限为6个月的一笔款项60 000元,存入银行。

(2) 4月1日,企业从中国银行借入期限为一年的一笔款项200 000元,存入银行。

(3) 4月末计提从中国银行借入的短期借款利息2 500元。

(4) 1月末计提从中国建设银行借入的短期借款利息1 800元。

(5) 用银行存款支付前期已计提的利息1 800元(原从中国银行借入)。

(6) 用银行存款支付当月未计提利息2 000元。

(二)采购业务会计处理

1. 钱货两清的会计处理

(1)向天方公司购入甲材料1 000千克,单价30元,价款共计30 000元,增值税税额3 900元。款项用银行存款支付,材料已经验收入库。

(2)从白云公司购入乙材料2 000千克,单价50元,价款共计100 000元,增值税税额13 000元,运费1 000元,运费增值税税额90元,企业已开出转账支票支付。材料已经验收入库。

(3)向黑牛公司购入A材料500千克,单价10元,价款共计5 000元,增值税税额650元。款项用银行存款支付,材料已经验收入库。

(4)从诚信公司购入B材料1 000千克,单价20元,价款共计20 000元,增值税税额2 600元,运费1 000元,运费增值税税额90元,企业已开出转账支票支付。材料已经验收入库。

2. 货到款未付(先入库,后付款)的会计处理

(1) 企业从中通公司购入甲材料一批,发票上注明的价款为 100 000 元,增值税税额为 13 000 元,材料已经验收入库,货税款暂欠。

(2) 用银行存款支付前欠绿城公司的货款 15 000 元。

(3) 从云峰公司购入乙材料 2 000 千克,单价 100 元,价款共计 200 000 元,增值税税额 26 000 元,企业已开出商业承兑汇票 226 000 元。材料已经验收入库。

(4) 企业从宏发公司购入丁材料一批,发票上注明的价款为 187 000 元,增值税税额 24 310 元,材料已经验收入库,货款暂欠。

(5) 用银行存款支付前欠雨轩公司的货款 211 310 元。

(6) 从绿林公司购入乙材料 1 300 千克,单价 80 元,价款共计 104 000 元,增值税税额 13 520 元,企业已开出商业承兑汇票 117 520 元。材料已经验收入库。

3. 款付货未到(先付款,后入库)的会计处理

(1) 从丙公司购入Q材料11 100件,单价16元,增值税专用发票列示Q材料货款金额为177 600元,增值税税额为23 088元,款已通过银行存款支付,材料尚未验收入库。

(2) 本月购入Q材料177 600元,已运达并验收入库。

(3) 从白云公司购入甲材料6 000件,单价12元,增值税专用发票列示甲材料货款金额为72 000元,增值税税额为9 360元,款已通过银行存款支付,材料尚未验收入库。

(4) 本月购入甲材料72 000元,已运达并验收入库。

4. 预付款业务的会计处理

（1）用银行存款预付给华南厂购买乙材料的价款 46 800 元。

（2）华南厂发来乙材料 2 000 千克，单价 20 元，价款共计 40 000 元，增值税税额 5 200 元，材料已经验收入库，前期已预付货款。

（3）用银行存款预付给东方厂购买戊材料的价款 27 000 元。

（4）东方厂发来戊材料 1 000 千克，单价 19 元，价款共计 19 000 元，增值税税额 2 470 元，材料已经验收入库，前期已预付货款。

（三）生产业务会计处理

1. 领用材料业务的会计处理

（1）生产车间为生产 A 产品领用甲材料 4 000 吨，车间管理部门一般耗用甲材料 500 吨，甲材料成本为每吨 30 元。

（2）企业行政管理部门领用乙材料 6 000 元，专设销售机构领用乙材料 2 300 元。

（3）生产车间为生产 B 产品领用甲材料 1 300 吨，行政管理部门领用甲材料 700 吨，甲材料成本为每吨 25 元。

（4）企业车间一般耗用丙材料 3 900 元，专设销售机构领用丙材料 5 600 元。

2. 职工薪酬的会计处理

（1）本月应付职工工资51 000元，其中：生产A产品的工人工资为40 000元，车间管理人员的工资为4 000元，厂部管理人员的工资为7 000元。

（2）从银行提取现金51 000元，备发工资。

（3）用现金51 000元发放职工工资。

（4）分配本月应付工资90 000元，其中：生产B产品的工人工资为75 000元，车间管理人员的工资为7 000元，行政管理人员的工资为8 000元。

（5）本月应付职工工资39 300元，其中：生产M产品的工人工资为22 000元，专设销售机构人员的工资为7 800元，厂部管理人员的工资为9 500元。

（6）开出转账支票39 300元发放职工工资。

（7）分配本月应付工资77 500元，其中：生产Y产品的工人工资为63 000元，车间管理人员的工资为5 900元，行政管理人员的工资为8 600元。

3. 水电费、办公费、折旧费、预借差旅费、报销差旅费等日常业务的会计处理

（1）银行通知已支付本月电费 1 300 元，其中：车间用 1 000 元，行政管理部门用 300 元。增值税专用发票上注明税额 169 元。

（2）以银行存款支付业务招待费 380 元。

（3）计提本月固定资产折旧 5 600 元，其中：车间为 4 300 元，厂部为 1 300 元。

（4）以库存现金购买行政管理部门办公用品，增值税专用发票注明价款 500 元，税额 65 元。

（5）厂部职工王林预借差旅费 1 500 元，会计以现金支付。

（6）厂部职工王林出差归来，报销 1 100 元，归还现金 400 元。

（7）厂部职工王林出差归来，报销 1 800 元，原预借 1 500 元，超支 300 元用现金补足。

（8）银行通知已支付本月水费 24 000 元，其中：专设销售机构用 18 000 元，行政管理部门用 6 000 元。增值税专用发票上注明税额 720 元。

（9）以库存现金支付厂部办公用品费 760 元，增值税税额 98.8 元。

（10）计提本月固定资产折旧 4 800 元，其中：管理部门为 1 200 元，专设销售机构为 3 600 元。

（11）以银行存款购买专设销售机构办公用品，增值税专用发票注明价款 900 元，税额 117 元。

（12）车间主任王红预借差旅费 2 000 元，会计开出现金支票。

（13）车间主任王红出差归来，报销 1 570 元，归还现金 430 元。

（14）车间主任王红出差归来，报销 2 670 元，原预借 2 000 元，超支 670 元用现金补足。

4. 制造费用结转的会计处理

（1）本月发生制造费用共 67 000 元，转入甲产品生产成本账户。

（2）结转本月发生制造费用 56 800 元至乙产品成本。

（3）本月发生制造费用共 59 200 元，其中：30 000 元转入丙产品成本，29 200 元转入丁产品成本。（借方科目写清明细）

5. 完工产品结转的会计处理

（1）结转本月完工 A 产品的生产成本 180 000 元。

（2）本月甲产品全部完工，产品成本 90 000 元；乙产品全部完工，产品成本 60 000 元，结转甲、乙完工产品成本。（借贷方科目写清明细）

（3）本月 M 产品 360 件全部完工，产品成本 534 200 元；本月 N 产品 200 件全部未完工，产品成本 100 000 元。

（4）本月丙产品 360 件全部完工，单位成本 200 元；本月生产丁产品 200 件，其中 100 件完工，单位成本 100 元。（借贷方科目写清明细）

(四) 销售业务会计处理

1. 销售商品业务的会计处理

(1) 甲公司销售 A 产品一批,开具增值税专用发票,价款 300 000 元,增值税税额 39 000 元,买家已通过银行存款支付货款。

(2) 甲公司向洪立公司销售 B 产品一批,开具增值税专用发票,价款 10 000 元,增值税税额 1 300 元,货款尚未收到。

(3) 甲公司收到洪立公司支付的前欠货款 11 300 元。

(4) 乙公司向中兴公司销售 C 产品一批,开具增值税专用发票,价款 200 000 元,增值税税额 26 000 元,买家已通过银行存款支付货款。

(5) 乙公司向白云公司销售丁产品一批,开具增值税专用发票,价款 15 000 元,增值税税额 1 950 元,货款尚未收到。

(6) 乙公司收到白云公司支付的前欠货款 16 950 元。

2. 销售商品涉及运费的会计处理

（1）甲公司向德立公司销售 X 产品一批，开具增值税专用发票，价款 10 000 元，增值税税额 1 300 元，已通过银行存款为买方代垫运费 100 元，上述款项均未收到。

（2）甲公司向宏达公司销售 H 产品一批，开具增值税专用发票，价款 200 000 元，增值税税额 26 000 元，已通过银行存款为买方代垫运费 1 000 元，上述款项均未收到。

（3）乙公司向林氏公司销售 F 产品一批，开具增值税专用发票，价款 90 000 元，增值税税额 11 700 元，已通过银行存款为买方代垫运费 6 000 元，上述款项均未收到。

3. 销售材料业务的会计处理

（1）甲公司向海信公司销售原材料一批，开具增值税专用发票，价款 300 000 元，增值税税额 39 000 元，买家已通过银行存款支付货款。

（2）甲公司向通力公司销售原材料一批，开具增值税专用发票，价款 10 000 元，增值税税额 1 300 元，货款尚未收到。

（3）乙公司向新河公司销售原材料一批，开具增值税专用发票，价款 60 000 元，增值税税额 7 800 元，买家已通过银行存款支付货款。

（4）丙公司向云泉公司销售原材料一批，开具增值税专用发票，价款 18 000 元，增值税税额 2 340 元，货款尚未收到。

4. 广告费等日常业务的会计处理
(1) 藤林公司开出一张金额为 10 000 元的转账支票,用来支付广告费。
(2) 飞虹公司支付展览费 2 500 元,款项已通过银行存款支付。

5. 销售成本结转的会计处理
(1) 销售商品结转成本 100 000 元。
(2) 销售原材料结转成本 50 000 元。
(3) 销售商品结转成本 40 000 元。
(4) 销售原材料结转成本 90 000 元。

6. 城市维护建设税、教育费附加等的会计处理
(1) 计算本月应交城市维护建设税 50 000 元。
(2) 计算本月应交教育费附加 8 000 元。

(五) 财务成果业务会计处理

1. 损益类账户期末结转的会计处理

（1）期末，结转收入类账户，企业将主营业务收入账户贷方余额 50 000 元、其他业务收入账户贷方余额 10 000 元、营业外收入账户贷方余额 1 000 元结转至"本年利润"账户。

（2）期末，结转收入类账户，企业将主营业务收入账户贷方余额 100 000 元、其他业务收入账户贷方余额 20 000 元、营业外收入账户贷方余额 10 000 元、投资收益账户贷方余额 5 000 元结转至"本年利润"账户。

（3）期末，企业将主营业务成本账户借方余额 50 000 元、其他业务成本账户借方余额 10 000 元、营业外支出账户借方余额 1 000 元结转至"本年利润"账户。

（4）期末，企业将主营业务成本账户借方余额 200 000 元、其他业务成本账户借方余额 50 000 元、税金及附加账户借方余额 3 000 元、销售费用账户借方余额 5 000 元、管理费用账户借方余额 9 000 元、财务费用账户借方余额 2 000 元、资产减值损失账户借方余额 1 000 元、营业外支出账户借方余额 10 000 元结转至"本年利润"账户。

（5）期末，企业将主营业务收入账户贷方余额 100 000 元、其他业务收入账户贷方余额 20 000 元、营业外收入账户贷方余额 2 000 元结转至"本年利润"账户。

（6）期末，企业将主营业务收入账户贷方余额 200 000 元、其他业务收入账户贷方余额 40 000 元、营业外收入账户贷方余额 20 000 元、投资收益账户贷方余额 10 000 元结转至"本年利润"账户。

（7）期末，企业将主营业务成本账户借方余额 100 000 元、其他业务成本账户借方余额 20 000 元、营业外支出账户借方余额 2 000 元结转至"本年利润"账户。

（8）期末，企业将主营业务成本账户借方余额 400 000 元、其他业务成本账户借方余额 100 000 元、税金及附加账户借方余额 6 000 元、销售费用账户借方余额 10 000 元、管理费用账户借方余额 18 000 元、财务费用账户借方余额 4 000 元、资产减值损失账户借方余额 2 000 元、营业外支出账户借方余额 20 000 元结转至"本年利润"账户。

2. 所得税的会计处理

（1）期末，计算本年应缴纳所得税 250 000 元。

（2）期末，应纳税所得额为 360 000 元，企业应交所得税税率为 25%，计算本年应缴纳所得税。

（3）期末，计算本年应缴纳所得税 50 000 元。

（4）期末，计算本年应缴纳所得税 80 000 元。

（5）年末，将所得税费用 25 000 元结转至"本年利润"账户。

（6）年末，结转所得税费用 40 000 元。

3. 结转全年实现净利润的会计处理

(1) 年末,结转本年净利润5 000 000元。(贷方科目写清明细)

(2) 年末,将"本年利润"账户内累计实现的净利润100 000元转入"利润分配"账户。(贷方科目写清明细)

(3) 年末,结转本年净利润150 000元。(贷方科目写清明细)

4. 利润分配的会计处理

（1）年末，提取法定盈余公积 100 000 元、任意盈余公积 50 000 元。（借贷方科目写清明细）

（2）年末，企业向投资者分派现金股利 30 000 元。（借方科目写清明细）

（3）年末，企业结转当年利润分配各明细账，将"利润分配——提取法定盈余公积"账户的借方发生额 100 000 元、"利润分配——提取任意盈余公积"账户的借方发生额 50 000 元、"利润分配——应付现金股利"账户的借方发生额 30 000 元全部转入"利润分配——未分配利润"账户。（借贷方科目写清明细）

（4）年末，提取法定盈余公积 300 000 元、任意盈余公积 150 000 元。（借贷方科目写清明细）

（5）年末，企业向投资者分派现金股利 120 000 元。（借方科目写清明细）

（6）年末，企业结转当年利润分配各明细账，将"利润分配——提取法定盈余公积"账户的借方发生额 500 000 元、"利润分配——提取任意盈余公积"账户的借方发生额 250 000 元、"利润分配——应付现金股利"账户的借方发生额 150 000 元全部转入"利润分配——未分配利润"账户。（借贷方科目写清明细）

训练二

（一）筹资业务会计处理

某企业6月份发生下列经济业务：

（1）收到外商投入的资金600 000元，款项已存入银行。

（2）收到远方公司投入的原材料价值200 000元，增值税税额26 000元。

（3）6月8日，从农业银行借入期限为2年的一笔款项200 000元，存入银行。

（4）7月1日，从工商银行借入期限为6个月的一笔款项60 000元，存入银行。合同约定年利率为10%，按季支付利息，到期还本。

要求：根据上述经济业务，编制会计分录。

（二）采购业务会计处理

1. 某企业11月份发生下列经济业务：

（1）向天方公司购入甲材料1 000千克，单价45元，价款共计45 000元，增值税税额5 850元。款项用银行存款支付。材料已经验收入库。

（2）从云峰公司购入乙材料2 000千克，单价50元，价款共计100 000元，增值税税额13 000元。企业已开出商业承兑汇票113 000元。材料未验收入库。

（3）用银行存款预付向华南公司购买乙材料的价款45 200元。

（4）用银行存款支付前欠绿城公司的货款15 000元。

（5）华南公司发来乙材料2 000千克，单价18元，价款共计36 000元，增值税税额4 680元。材料已经验收入库。

要求：根据上述经济业务，编制会计分录。

2. 某公司 6 月初"在途物资"总分类账户借方余额为 50 000 元,其中:甲材料为 20 000 元,乙材料为 30 000 元;"原材料"总分类账户借方余额为 100 000 元,其中:甲材料为 40 000 元,乙材料为 60 000 元。

6 月份发生部分经济业务如下:

(1) 从飞达厂购入甲材料 10 000 千克,每千克 5 元,计 50 000 元,乙材料 5 000 千克,每千克 20 元,计 100 000 元,共计货款 150 000 元,增值税税额 19 500 元,运费 4 500 元,增值税专用发票注明税额 405 元。开出转账支票支付款项(其中共同发生的运杂费按材料质量比例分配)。

(2) 向飞达厂购入的甲材料与乙材料均已运到,并验收入库,按其实际采购成本入账。

(3) 从石林公司购入甲材料 2 500 千克,每千克 4 元,乙材料 1 500 千克,每千克 20 元,共计 40 000 元,增值税税额 5 200 元,发生运费 400 元,增值税专用发票注明税额 36 元。款项均未支付(其中共同发生的运杂费按材料质量比例分配)。

(4) 从石林公司购入的甲、乙材料已运达企业,并验收入库,按其实际采购成本入账。

要求:根据上述经济业务,编制会计分录。

（三）生产业务会计处理

1. 某企业生产 A、B 两种产品，3 月份发生如下经济业务：

（1）本月发出材料情况如下表：

某企业 3 月份发出材料情况

项　目	甲材料		乙材料		金额合计/元
	数量/千克	金额/元	数量/千克	金额/元	
生产 A 产品	500	20 000	400	20 000	40 000
生产 B 产品	1 000	40 000	200	10 000	50 000
车间耗用	—	—	20	1 000	1 000
厂部耗用	—	—	10	500	500
合　计	1 500	60 000	630	31 500	91 500

（2）本月应付职工工资 51 000 元，其中：生产 A 产品的工人工资为 25 000 元，生产 B 产品的工人工资为 15 000 元，车间管理人员的工资为 4 000 元，厂部管理人员的工资为 7 000 元。

（3）按工资总额的 10% 提取职工福利费。

（4）计提本月固定资产折旧 5 600 元，其中：车间为 4 300 元，厂部为 1 300 元。

（5）支付本月车间的大修理费 1 500 元。

（6）支付本月应由厂部负担的书报费 200 元。

（7）以银行存款支付车间办公费 380 元。

（8）月末按生产工人工资分配本月的制造费用。

（9）本月生产 A 产品 100 件，全部完工入库，B 产品全部未完工。（假设 A 产品没有期初在产品成本）

要求：根据上述经济业务，编制会计分录。

2. 某工厂 5 月份发生下列经济业务：

(1) 车间管理人员报销办公费 600 元,以现金支付。

(2) 开出现金支票支付某生产工人生活困难补助 1 000 元。

(3) 生产甲产品领用材料 100 000 元,生产乙产品领用材料 140 000 元。

(4) 银行通知已支付本月水电费 1 300 元,其中:车间用 1 000 元,行政管理部门用 300 元。

(5) 用现金支付本月应负担的车间设备大修理费 2 000 元。

(6) 计算分配本月应付工资 90 000 元,其中:生产甲产品的工人工资为 40 000 元,生产乙产品的工人工资为 35 000 元,车间管理人员的工资为 7 000 元,行政管理人员的工资为 8 000 元。

(7) 从银行提取现金 90 000 元,备发工资。

(8) 用现金发放职工工资。

(9) 计提本月固定资产折旧 20 000 元,其中:生产车间应计提固定资产折旧 12 000 元,行政管理部门应计提固定资产折旧 8 000 元。

(10) 将本月发生的制造费用在甲、乙产品之间按生产工时比例进行分配,其中:甲产品 4 000 工时,乙产品 6 000 工时,并将分配结果填入制造费用分配表,转入生产成本账户。

制造费用分配表

产品名称	分配标准(生产工时)	分配率	应分配的费用/元
甲产品			
乙产品			
合 计			

(11) 本月甲、乙产品全部完工入库,结转本月完工产品的生产成本,各产品入库数量及实际成本资料如下表,请完成此表。

各产品入库数量及实际成本

产品名称	数量/件	单位成本/元	总成本/元
甲产品	400		
乙产品	500		

要求:根据以上资料,编制会计分录。

（四）销售业务会计处理

东林工厂某年12月份发生以下经济业务：

（1）销售给利民公司甲产品800台，每台售价200元，货款160 000元及增值税税额20 800元当即收到，存入银行存款户。

（2）收到上月应收利民公司货款58 500元，存入银行存款户。

（3）销售给伟志公司甲产品400台，每台售价200元，乙产品800件，每件售价150元，增值税税额共计26 000元，已收到款项190 000元并存入银行，其余暂欠。

（4）以银行存款支付广告费40 000元。

（5）销售B材料8 000千克，每千克售价7元，货款56 000元，增值税税额7 280元，款项已收到并存入银行。

（6）收到伟志公司前欠货款44 000元，存入银行存款户。

（7）结转本月已售产品的生产成本，甲产品每台成本100元，乙产品每件成本70元。

（8）结转本月销售B材料的成本40 000元。

（9）将收入和费用类账户的余额结转至"本年利润"账户。（假设本月发生管理费用3 000元，财务费用1 000元）

要求：根据以上经济业务，编制会计分录。

(五) 财务成果业务会计处理

联华公司12月份发生下列经济业务：

(1) 12月4日，收到上月应收南方公司前欠货款46 800元，存入银行存款户。

(2) 12月8日，销售给南方公司甲产品400台，每台售价500元，乙产品500件，每件售价200元，增值税税额共计39 000元，款项尚未收到。

(3) 12月16日，收到南方公司本月8日购货欠款，存入银行。

(4) 12月18日，以银行存款支付展览费6 000元。

(5) 12月22日，销售给市物资公司甲产品200台，每台售价500元，乙产品200件，每件售价200元，增值税税额共计18 200元，款项尚未收到。

(6) 12月24日，以银行存款捐赠给希望工程20 000元。

(7) 12月25日，销售给丽华公司A材料4 000千克，每千克售价5元，增值税税额2 600元，款项已收到并存入银行。

(8) 12月27日，以银行存款支付厂部办公费20 000元。

(9) 12月30日，经批准将无法归还的应付货款8 600元转作营业外收入。

(10) 12月31日，结转本月已销产品成本，其中：甲产品每台成本250元，乙产品每件成本100元。

(11) 12月31日，结转本月销售A材料成本，每千克4元。

(12) 12月31日，将本月收入类账户余额结转至"本年利润"账户。

(13) 12月31日，将本月有关成本费用账户余额结转至"本年利润"账户。

(14) 按本月利润计算应交所得税（税率25％），并将"所得税费用"账户余额结转至"本年利润"账户。

(15) 12月31日，按本月税后利润的10％提取法定盈余公积。

(16) 12月31日，按规定计算应付给投资者利润10 000元。

(17) 12月31日，将本年实现的净利润（1月至11月实现净利润500 000元）转入"利润分配"账户。

要求：根据上述业务，编制会计分录。

项目六

填制记账凭证

知识认知能力训练

1. ＿＿＿＿＿＿是记录＿＿＿＿＿＿、明确＿＿＿＿＿＿的书面证明,是登记账簿的依据。

2. 会计凭证是最重要的会计证据资料,简称＿＿＿＿＿＿,填制和取得会计凭证是会计工作的初始阶段和＿＿＿＿＿＿。任何企事业单位对所发生的每一项经济业务都必须按照规定的程序和要求,由经办人员＿＿＿＿＿＿和＿＿＿＿＿＿会计凭证,列明经济业务的内容、＿＿＿＿＿＿和＿＿＿＿＿＿,并在凭证上＿＿＿＿＿＿,对经济业务的可靠性负责。

3. 为了保证会计记录的＿＿＿＿＿＿,任何会计凭证都要经过有关人员＿＿＿＿＿＿,只有经过审核的会计凭证,才能作为＿＿＿＿＿＿的依据。

4. 会计凭证的作用:一是提供经济活动的＿＿＿＿＿＿。任何经济业务发生都要填制或取得＿＿＿＿＿＿,将经济业务如实地记录下来,反映经济业务的发生、执行及完成情况,使其成为反映经济业务内容的原始资料。二是可以检查经济业务的＿＿＿＿＿＿。通过对会计凭证的审核,可以监督和检查各项经济业务是否符合国家有关政策、法令、制度和计划的规定,可以发现经济管理中存在的问题,从而可以对经济业务的＿＿＿＿＿＿进行具体监督,发挥会计监督的职能,加强经济管理,提高经济效益。三是可以＿＿＿＿＿＿。会计凭证不仅记录了经济业务的内容,而且应由有关部门和经办人员＿＿＿＿＿＿,要求有关人员及部门对经济活动的＿＿＿＿＿＿负责。

5. 会计凭证的种类很多,按其＿＿＿＿＿＿可以分为原始凭证和记账凭证两大类。

6. ＿＿＿＿＿＿又称传票,是由会计人员根据＿＿＿＿＿＿加以归类整理而编制的,用来确定＿＿＿＿＿＿,作为＿＿＿＿＿＿直接依据的会计凭证。

7. 为了满足会计核算的需要,会计人员在对＿＿＿＿＿＿审核无误的基础上,对其进行归类整理,然后填制_____。在记账凭证中,应写明_____及_____,这样便于根据记账凭证_____。

8. 记账凭证按_____不同,可分为通用记账凭证和专用记账凭证。

(1) _____是一种适合于所有经济业务的记账凭证。

(2) _____是按经济业务的某种特定属性定向使用的,只适用于某一类经济业务的凭证。通常按其是否反映货币资金收付业务来分类,分为_____、_____和_____三种。

9. 收款凭证是用来记录_____业务的记账凭证。收款凭证根据其借方科目的具体内容又可分为_____和_____。

10. 付款凭证是用来记录_____业务的记账凭证。付款凭证根据其贷方科目的具体内容又可分为_____和_____。

11. 转账凭证是用来记录与现金和银行存款收付业务_____的业务的记账凭证。凡是_____现金和银行存款收付业务的其他经济业务,均为转账业务,要据以编制转账凭证。

12. 记账凭证按是否经过汇总,可分为_____和_____两种。

13. 记账凭证的填制方式分为_____和_____两种。

(1) 复式记账凭证,是将一项经济业务所涉及的应借应贷的各个_____都集中填制在一张记账凭证上的记账凭证。前述_____、_____、_____和通用记账凭证都是复式记账凭证。

(2) 单式记账凭证,是将一项经济业务所涉及的每一个_____分别填制凭证的记账凭证。

14. 记账凭证_____过程,就是会计对经济业务的会计处理过程,也是会计分录的编制过程。

15. 记账凭证是会计人员根据审核无误的_____,按照_____加以归类,确定会计分录并作为登记账簿直接依据而填制的会计凭证。

16. 记账凭证是_____的依据,正确填制记账凭证,是保证账簿记录正确的基础。

17. 填制记账凭证时的基本要求是:

(1) _____,即在对原始凭证审核无误的基础上,填制记账凭证。

(2) _____,即记账凭证应该包括的内容都要齐备,不能遗漏。

(3) _____,即根据经济业务的内容,正确区分不同类型的原始凭证,正确运用_____编制相应记账凭证。

(4) _____,这有利于分清会计事项处理的先后顺序,便于记账凭证与会计账簿之间的_____,确保记账凭证的_____。

18. 除_____外,记账凭证必须附有原始凭证并注明原始凭证的张数。与记账凭证中的经济业务记录有关的每一张证据,都应当作为记账凭证的_____。一张原始凭证如涉及几张记账凭证,可以将该原始凭证附在一张_____后面,在其他记账凭证上注明该主要记账凭证的_____并附上该原始凭证_____。

19. 一张原始凭证所列支出需要由两个以上单位_____时,应当由保存该原始凭证的单位开具给其他应负担单位"_____"。原始凭证分割单必须具备原始凭证的基本内容,包括凭证的_____,填制凭证的_____,填制凭证单位的_____或填制人的_____、经办人员的_____或_____,接受凭证单位的_____,经济业务_____(含数量、单价、金额和费用的分担情况等)。

20. 记账凭证必须_____,以便分清会计事项处理的先后顺序,便于记账凭证与会计账簿核对,确保记账凭证完整无缺。

21. 记账凭证的摘要栏是对经济业务的_____,必须针对不同性质的经济业务的特点,考虑登记账簿的需要,_____,不得漏填或错填。

22. 填制会计凭证后如发现有错误,应根据_____采用正确的方法进行更正。

23. 记账凭证填制完成后,如仍留有空行,应当自最后一笔金额数字下的_____至_____画线_____,以严密会计核算手续,堵塞漏洞。

24. 记账凭证填制完成后,应进行_____和_____,有关人员均应_____。出纳人员根据_____或_____收入款项或付出款项时,应在凭证上加盖"_____"或"_____"的戳记,以免_____、_____。

25. 只涉及银行存款与现金之间相互划转的,只编_____凭证,不编_____凭证,以免重复。

26. 实行会计电算化的单位,采用的机制记账凭证应当符合记账凭证的一般要求,打印出来的机制记账凭证要加盖有关人员_____或_____,以加强审核,_____。

27. 记账凭证所填_____要同原始凭证或原始凭证汇总表一致,并保持_____,即借贷方金额相等。

28. 收款凭证是根据_____和_____收款业务的原始凭证填制的记账凭证。凡涉及现金和银行存款_____业务的都必须填制收款凭证。

29. 付款凭证是根据现金和银行存款_____业务的原始凭证填制的记账凭证。凡涉及_____和_____减少业务的都必须填制付款凭证。

30. 转账凭证是根据_____现金和银行存款收付业务的转账原始凭证填制的记账凭证。凡不涉及现金和银行存款_____或_____业务的都必须填制转账凭证。

31. 通用记账凭证的名称为"_____"或"记账凭单",它是集_____、

_____和_____凭证于一身,适用于所有业务类型的记账凭证。

基础能力训练

一、单项选择题

1. （　　）是记录经济业务、明确经济责任的书面证明,是登记账簿的依据。
   A. 原始凭证　　　　　　　　　B. 记账凭证
   C. 会计凭证　　　　　　　　　D. 汇总凭证

2. 记账凭证应根据审核无误的（　　）编制。
   A. 收款凭证　　　　　　　　　B. 付款凭证
   C. 转账凭证　　　　　　　　　D. 原始凭证

3. 能够记录经济业务,明确经济责任,作为登账依据的书面的凭证是（　　）。
   A. 会计要素　　　　　　　　　B. 会计账户
   C. 会计报表　　　　　　　　　D. 会计凭证

4. 记账凭证按使用范围不同分为（　　）。
   A. 通用记账凭证和专用记账凭证　　B. 一次凭证、累计凭证、汇总凭证
   C. 复式凭证和单式凭证　　　　　　D. 收款凭证、付款凭证、转账凭证

5. 专门用来反映现金或银行存款收入业务的记账凭证是（　　）。
   A. 收款凭证　　　　　　　　　B. 记账凭证
   C. 付款凭证　　　　　　　　　D. 转账凭证

6. 专门用来反映现金或银行存款支付业务的记账凭证是（　　）。
   A. 收款凭证　　　　　　　　　B. 记账凭证
   C. 付款凭证　　　　　　　　　D. 转账凭证

7. 用来反映与现金或银行存款收付无关业务的记账凭证是（　　）。
   A. 收款凭证　　　　　　　　　B. 记账凭证
   C. 付款凭证　　　　　　　　　D. 转账凭证

8. （　　）是指对全部业务不再区分收款、付款及转账业务,而将所有经济业务统一编号,在同一格式的凭证中进行记录。
   A. 单式凭证　　　　　　　　　B. 复式凭证
   C. 通用记账凭证　　　　　　　D. 原始凭证

9. 记账凭证按填制方式分为（　　）。
   A. 外来记账凭证与原始记账凭证　　B. 一次凭证、累计凭证、汇总凭证

C. 复式凭证与单式凭证　　　　　　　D. 收款凭证、付款凭证、转账凭证

10. 企业常用的收款凭证、付款凭证和转账凭证均属于（　　）。
    A. 单式记账凭证　　　　　　　　　B. 复式记账凭证
    C. 一次凭证　　　　　　　　　　　D. 通用凭证

11. 下列各项中，不属于记账凭证基本要素的是（　　）。
    A. 交易或事项的内容摘要　　　　　B. 交易或事项的数量、单价和金额
    C. 应记会计科目、方向及金额　　　D. 凭证的编号

12. 为了分清会计事项处理的先后顺序，便于记账凭证与会计账簿之间的核对，确保记账凭证的完整无缺，填制记账凭证时，应当（　　）。
    A. 依据真实　　B. 日期正确　　C. 连续编号　　D. 简明扼要

13. 填制记账凭证时，错误的做法是（　　）。
    A. 根据每一张原始凭证填制
    B. 根据若干张同类原始凭证汇总填制
    C. 将若干张不同内容和类别的原始凭证汇总填制在一张记账凭证上
    D. 根据原始凭证汇总表填制

14. 下列记账凭证中，可以不附原始凭证的是（　　）。
    A. 所有收款凭证　　　　　　　　　B. 所有付款凭证
    C. 所有转账凭证　　　　　　　　　D. 用于结账的记账凭证

15. 某单位会计部门编制记账凭证时，第 7 号记账凭证的会计事项需要填制 2 张转账凭证，则这两张凭证编号为（　　）。
    A. 转字 7 号、转字 8 号　　　　　　B. 转字 6 号、转字 7 号
    C. 转字 $7\frac{1}{2}$ 号、转字 $7\frac{2}{2}$ 号　　　D. 转字 $\frac{1}{2}$ 号、转字 $\frac{2}{2}$ 号

16. 填制凭证时发生错误，应当（　　）。
    A. 画线重写　　　　　　　　　　　B. 采用正确的更正方法
    C. 重新填制　　　　　　　　　　　D. 采用修正液修改

17. 通用记账凭证填制完毕加计合计数以后，如有空行应（　　）。
    A. 空置不填　　B. 画线注销　　C. 盖章注销　　D. 签字注销

18. 付款凭证科目借贷对应方式正确的是（　　）。
    A. 多借多贷　　B. 多贷一借　　C. 多借一贷　　D. 以上全正确

19. 用转账支票支付前欠货款，应填制（　　）。
    A. 转账凭证　　B. 收款凭证　　C. 付款凭证　　D. 原始凭证

20. 对于"企业赊购一批原材料，材料已经验收入库"的经济业务，应当编制（　　）。
    A. 收款凭证　　　　　　　　　　　B. 付款凭证
    C. 转账凭证　　　　　　　　　　　D. 付款凭证或转账凭证

21. 购入材料一批,一部分货款用银行存款支付,一部分货款暂欠,该业务或事项应填制的记账凭证是(　　)。

　　A. 两张转账凭证　　　　　　　　B. 收款凭证和付款凭证
　　C. 付款凭证和转账凭证　　　　　D. 收款凭证和转账凭证

22. 企业销售产品一批,售价5 000元,收到一张转账支票送存银行。这笔业务应填制的记账凭证为(　　)。

　　A. 收款凭证　　　B. 付款凭证　　　C. 转账凭证　　　D. 以上均对

23. 接收外单位投资的汽车一辆,应填制(　　)。

　　A. 收款凭证　　　B. 付款凭证　　　C. 转账凭证　　　D. 汇总凭证

24. 收款凭证左上角"借方科目"应填列的会计科目是(　　)。

　　A. "银行存款"　　　　　　　　　B. "库存现金"
　　C. "主营业务收入"　　　　　　　D. "银行存款"或"库存现金"

25. 4月5日,行政管理人员王明将标明日期为3月26日的发票拿来报销,经审核后会计人员依据该发票编制记账凭证时,记账凭证的日期应为(　　)。

　　A. 3月26日　　　B. 3月31日　　　C. 4月5日　　　D. 4月1日

26. 实际工作中,记账凭证上的日期一般是(　　)。

　　A. 经济业务发生的日期　　　　　B. 原始凭证上的日期
　　C. 编制记账凭证当天的日期　　　D. 可以随便写

27. 下列内容中,不属于记账审核内容的是(　　)。

　　A. 凭证是否符合有关计划和预算
　　B. 会计科目使用是否正确
　　C. 记账凭证金额与原始凭证是否一致
　　D. 记账凭证内容与原始凭证是否一致

28. 会计凭证的整理一般按照(　　)。

　　A. 时间顺序　　　B. 填制顺序　　　C. 审核顺序　　　D. 随机抽取

二、多项选择题

1. 会计凭证按其填制的程序和用途可以分为(　　)。

　　A. 记账凭证　　　B. 原始凭证　　　C. 结算凭证　　　D. 汇总凭证

2. 专用记账凭证按其反映的经济业务是否与现金和银行存款有关,通常可以分为(　　)。

　　A. 收款凭证　　　B. 付款凭证　　　C. 转账凭证　　　D. 结算凭证

3. 记账凭证按照使用范围不同,分为(　　)。
   A. 通用记账凭证　　　　　　　　B. 复式凭证
   C. 付款凭证　　　　　　　　　　D. 专用记账凭证
4. 记账凭证按其填制方式分类,分为(　　)。
   A. 收款凭证　　B. 复式凭证　　C. 付款凭证　　D. 单式凭证
5. 填写记账凭证的基本要求是(　　)。
   A. 审核无误　　B. 内容完整　　C. 分类正确　　D. 连续编号
6. 下列人员中,应在记账凭证上签名或盖章的有(　　)。
   A. 审核人员　　　　　　　　　　B. 会计主管人员
   C. 记账人员　　　　　　　　　　D. 制单人员
7. 按照规定,除(　　)的记账凭证可以不附原始凭证外,其他记账凭证必须附有原始凭证。
   A. 提取现金　　　　　　　　　　B. 结账
   C. 更正错账　　　　　　　　　　D. 现金存入银行
8. 记账凭证的填制除必须做到记录真实、内容完整、填制及时、书写清楚外,还必须符合(　　)等要求。
   A. 如有空行,应当在空行处画线注销
   B. 发生错误应该按规定的方法更正
   C. 必须连续编号
   D. 除另有规定外,应该有附件并注明附件张数
9. 企业销售产品一批,售价30 000元(假设不考虑税费),已收款20 000元存入银行,10 000元尚未收到。该笔业务应编制的记账凭证有(　　)。
   A. 收款凭证　　B. 付款凭证　　C. 转账凭证　　D. 以上均可
10. 收款凭证的借方科目可能是(　　)。
    A. 应收账款　　B. 库存现金　　C. 银行存款　　D. 应付账款
11. 记账凭证填制以后,必须有专人审核,下列各项属于其审核的主要内容的有(　　)。
    A. 是否附有原始凭证
    B. 会计分录是否正确,对应关系是否清晰
    C. 经济业务是否合法与合规,有无违法乱纪行为
    D. 有关项目是否填列完备和有关人员签章是否齐全
12. 对记账凭证审核的要求有(　　)。
    A. 项目是否齐全　　　　　　　　B. 金额是否正确
    C. 书写是否正确　　　　　　　　D. 内容是否真实

三、能力判断题

1. 填制和审核会计凭证是一种会计核算的专门方法。（　　）
2. 会计凭证是登记账簿的依据。（　　）
3. 会计凭证按其取得的来源不同,可以分为原始凭证和记账凭证。（　　）
4. 记账凭证既是记录经济业务发生和完成情况的书面证明,也是登记账簿的依据。（　　）
5. 记账凭证可以根据若干张原始凭证汇总编制。（　　）
6. 现金存入银行时,为避免重复记账,只编制银行存款收款凭证,不编制现金付款凭证。（　　）
7. 出纳人员在办理收款或付款业务后,应在凭证上加盖"收讫"或"付讫"的戳记,以避免重收或重付款项。（　　）
8. 根据规定,记账凭证后必须附有原始凭证。但是,结账和更正错误的记账凭证可以不附原始凭证。（　　）
9. 会计凭证传递是指从原始凭证的填制或取得起,到会计凭证归档保管止,在财会部门内部按规定的路线进行传递和处理的程序。（　　）
10. 会计档案保管期满后,可由档案管理部门自行销毁。（　　）
11. 会计凭证的整理通常情况是按照时间的先后顺序进行整理,这样方便了各种账簿的登记工作。（　　）

提升能力训练

一、单项选择题

1. 如果企业规模较小、经济业务数量和收付款业务较少,可以采用(　　)。
   A. 专用记账凭证　　　　　　　　B. 通用记账凭证
   C. 复式记账凭证　　　　　　　　D. 单式记账凭证
2. 职工张某出差归来,报销差旅费 200 元,交回多余现金 100 元,应编制的记账凭证是(　　)。
   A. 收款凭证　　　　　　　　　　B. 转账凭证
   C. 收款凭证和转账凭证　　　　　D. 收款凭证和付款凭证

二、多项选择题

1. 会计凭证的作用有（　　）。
   A. 提供经济活动的原始资料　　　　B. 可以检查经济业务的合法性
   C. 可以明确经济责任　　　　　　　D. 可以作为结算凭证

2. 专用记账凭证按是否反映货币资金收付业务分类，分为（　　）。
   A. 收款凭证　　B. 记账凭证　　C. 付款凭证　　D. 转账凭证

3. 记账凭证按照是否经过汇总，可分为（　　）。
   A. 汇总记账凭证　　　　　　　　　B. 科目汇总表
   C. 原始凭证汇总表　　　　　　　　D. 非汇总记账凭证

4. 下列凭证中，属于非汇总记账凭证的有（　　）。
   A. 收款凭证　　B. 科目汇总表　　C. 付款凭证　　D. 转账凭证

5. 下列凭证中，属于汇总记账凭证的有（　　）。
   A. 汇总收款凭证　　　　　　　　　B. 科目汇总表
   C. 汇总转账凭证　　　　　　　　　D. 通用记账凭证

6. 涉及现金与银行存款之间的划款业务时，可以编制的记账凭证有（　　）。
   A. 银行存款收款凭证　　　　　　　B. 银行存款付款凭证
   C. 现金收款凭证　　　　　　　　　D. 现金付款凭证

7. 记账凭证的填制，可以根据（　　）。
   A. 每一张原始凭证　　　　　　　　B. 若干张同类原始凭证
   C. 原始凭证汇总表　　　　　　　　D. 不同内容和类别的原始凭证

8. 在填制记账凭证时，下列做法中，错误的有（　　）。
   A. 将不同类型业务的原始凭证合并编制一份记账凭证
   B. 一个月内的记账凭证连续编号
   C. 从银行提取现金时只填制现金收款凭证
   D. 更正错账的记账凭证可以不附原始凭证

9. 李某出差回来，报销差旅费 800 元，走之前已预借 1 000 元，剩余 200 元交回现金。对此业务需要编制的记账凭证有（　　）。
   A. 现金收款凭证　　　　　　　　　B. 现金付款凭证
   C. 转账凭证　　　　　　　　　　　D. 差旅费报销单

三、能力判断题

1. 记账人员根据记账凭证记账后,在"记账符号"栏内做"√"记号,表示该笔金额已记入有关账户,以免漏记或重记。（　　）

2. 会计凭证的传递是指从会计凭证的取得到填制的整个过程。（　　）

3. 实行会计电算化的单位,对于机制记账凭证要认真审核,做到会计科目使用正确、数字准确无误。打印出的机制记账凭证要加盖制单人员、审核人员、记账人员及会计机构负责人、会计主管人员印章或者由以上人员签字。（　　）

专业应用能力训练

1. 根据经济业务编制通用记账凭证。

（1）2020年09月01日,新华经贸发展有限公司（商品零售企业）向交通银行北京分行借入短期借款,请根据背景单据编制记账凭证。（凭证编号：001）

凭证1-1

借款合同

借款单位：（以下简称借款方）新华经贸发展有限公司
贷款单位：（以下简称贷款方）交通银行北京分行

　　借款方为生产周转需要,特向贷款方申请借款,经贷款方审核同意发放。为明确双方责任,恪守信用,特签订本合同,共同遵守。

　　第一,借款方向贷款方借款人民币（大写）伍拾万元整,期限六个月,从2020年09月01日至2021年02月28日,年利率为6%。自支用贷款之日起,按月计算利息,按季结息,到期归还本金。

　　第二,贷款方应如期向借款方发放贷款,否则,按违约数额和延期天数付给借款方违约金。违约金数额的计算与逾期贷款罚息相同,即为1‰。

　　第三,贷款利率,按年利率6%。

　　第四,借款方应按协议使用贷款,不得转移用途。否则,贷款方有权提前终止协议。

　　第五,借款方保证按借款合同所定期限归还贷款本息。如需延期,借款方应在贷款到期前3天提出延期申请,经贷款方同意,办理延期手续。但延期最长不得超过原定合同期限的一半。贷款方未同意延期或未办理延期手续的逾期贷款,加收罚息。

　　第六,借款方以价值80万元的房产作为借款抵押,产权证件由贷款方保管（或公证机关保管）。公证费由借款方负担。

　　第七,贷款到期,借款方未归还贷款,又未办理延期手续,贷款方有权依照法律程序处理借款方作为贷款抵押的物资和财产,抵还借款本息。

　　第八,本合同正本一式两份,借、贷方各执一份。

　　第九,本合同自签订之日起生效,贷款本息全部偿清后失效。

借款单位（人）：新华经贸发展有限公司（签章）	贷款单位：交通银行北京分行（签章）
负责人：李伟伦	审批组长：林金
签约日期：2020年09月01日	签约日期：2020年09月01日

凭证1-2

借款借据（收账通知）

借款日期：2020年09月01日　　　　　　　　　　　　　借据编号：201837

收款单位	名称	新华经贸发展有限公司	付款单位	名称	交通银行北京分行
	开户账号	110006765465544111111		放款户账号	110000676652111255100
	开户银行	交通银行北京分行		开户银行	交通银行北京分行

借款金额	人民币（大写） 伍拾万元整	千百十万千百十元角分 ￥ 5 0 0 0 0 0 0 0
借款原因及用途	生产周转资金	借款期限 2020年09月01日至2021年02月28日

交通银行北京分行
2020.09.01
转讫

你单位上列借款，已转入你单位结算户内。

此致
（银行盖章）

此联退还借款单位

记　账　凭　证

年　月　日　　　　　　　　　　　　　　　　字第　　号

摘　要	总账科目	明细科目	借方金额 亿千百十万千百十元角分	贷方金额 亿千百十万千百十元角分	√
					☐
					☐
					☐
					☐
					☐
	合　计				☐

会计主管：　　　　记账：　　　　出纳：　　　　复核：　　　　制单：

附单据　　张

（2）2020年09月02日，新华经贸发展有限公司用银行存款支付广告费，请根据背景单据编制记账凭证。（凭证编号:002）

凭证 2-1

交通银行 进账单（回 单） 1

2020 年 09 月 02 日

出票人	全 称	新华经贸发展有限公司	收款人	全 称	施林广告社	此联是开户银行交给持票人的回单
	账 号	110006765465544111111		账 号	450010035360500022213	
	开户银行	交通银行北京分行		开户银行	中国建设银行北京分行	

金额	人民币（大写）	贰仟元整	交通银行北京分行 2020.09.02 转讫 (01)	亿 千 百 十 万 千 百 十 元 角 分 ￥ 2 0 0 0 0 0
票据种类	转账支票	票据张数	1	
票据号码	23098823			

复核　　记账　　　　　　　　　　　　开户银行签章

凭证 2-2

交通银行
转账支票存根
30101122
23098823

附加信息 _____
_____

出票日期 2020 年 09 月 02 日

收款人：施林广告社
金　额：￥2 000.00
用　途：支付广告费

单位主管　　　会计

凭证 2-3

北京增值税普通发票

1100131142　　　　　　　　　　　　　　　　　　　　　　No.60968349　　1100131142 60968349

校验码 11001 34532 53453 23532　　发　票　联　　开票日期：2020 年 09 月 02 日

购买方	名　　称：新华经贸发展有限公司 纳税人识别号：91110101673421073 地　址、电　话：北京市东城区海天路87号 010-89348787 开户行及账号：交通银行北京分行 110006765465544111111	密码区	03＊3187＜4/＋8490＜＋95－59＋7＜243 4987＜0－－＞＞－6＞525＜693719－＞7＊7 87＊3187＜4/＋8490＜＋95708681380 9＜712/＜1＋9016＞6906＋＋＞84＞93/－

货物及应税劳务、服务的名称	规格型号	单位	数量	单价	金额	税率	税额
广告费					1 886.79	6%	113.21
合　计					¥1 886.79		¥113.21

价税合计（大写）　⊗ 贰仟元整　　　　　　（小写）¥2 000.00

销售方	名　　称：施林广告社 纳税人识别号：911101084250263716 地　址、电　话：北京市海淀区体育东路六运五街78号 010-80545247 开户行及账号：中国建设银行北京分行 4500100353605000 2213	备注	（施林广告社发票专用章 911101084250263716）

收款人：　　　　复核：　　　　开票人：陈艳　　　　销售方（章）

记 账 凭 证

年 月 日　　　　　　　　　　　　　字第　　号

摘　要	总账科目	明细科目	借方金额 亿千百十万千百十元角分	贷方金额 亿千百十万千百十元角分	√
	合　　计				

会计主管：　　　记账：　　　出纳：　　　复核：　　　制单：

（3）2020 年 09 月 04 日，新华经贸发展有限公司从智识百货有限公司购入商品（用于销售），支付部分款项，余款未付，请根据背景单据编制记账凭证。（凭证编号：003）

凭证3-1

交通银行 进 账 单（回　单）　1
2020 年 09 月 04 日

出票人	全　称	新华经贸发展有限公司	收款人	全　称	智识百货有限公司
	账　号	110006765465544111111		账　号	110006703067108091001
	开户银行	交通银行北京分行		开户银行	交通银行北京分行

金额	人民币（大写）	贰仟壹佰元整			亿 千 百 十 万 千 百 十 元 角 分 ¥2 1 0 0 0 0

票据种类	转账支票	票据张数	1
票据号码	23097112		

交通银行 北京分行 2020.09.04 转讫 (01)

复核　　记账　　　　　　　　开户银行签章

此联是开户银行交给持票人的回单

凭证3-2

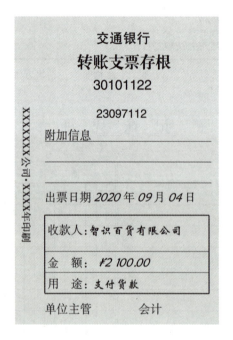

凭证3-3

入 库 单

2020 年 09 月 04 日　　　　　　　　　　　　单号 08611028

交来单位及部门	智识百货有限公司		发票号码或生产单号码		30961856		验收仓库	第一仓库	入库日期	2020 年 09 月 04 日		
编号	名称及规格		单位	数量		实际价格		计划价格		价格差异	合计联
				交库	实收	单价	金额	单价	金额		
01	砂纸		件	350.00	350.00						
	合　计										

部门经理：　　　　会计：　　　　仓库：张正良　　　　经办人：张海燕

凭证3-4

1100062650　　　　　　　　　　　　　　　　　　　　　　　　1100062650
　　　　　　　　　　北京增值税专用发票　　　　No.30961856　　30961856

　　　　　　　　　　发　票　联　　　　开票日期：2020 年 09 月 04 日

购买方	名　　　称：新华经贸发展有限公司 纳税人识别号：91110101167342**1**073 地　址、电话：北京市东城区海天路87号 　　　　　　　010-89348787 开户行及账号：交通银行北京分行 　　　　　　　11000676546554**4**111111	密码区	03 * 3187 < 4/ + 8490 < + 95 – 59 + 7 < 243 4987 < 0 – – > > – 6 > 525 < 693719 – > 7 * 7 87 * 3187 < 4/ + 8490 < + 95708681380 9 < 712/ < 1 + 9016 > 6906 + + > 84 > 93/ –
货物及应税劳务、服务的名称	规格型号　単位　数量　单价　　　　金额　　税率　税额		
砂纸	#123　　件　　350　8.849 571 43　3 097.35　13%　402.65		
合　　计	￥3 097.35　　￥402.65		
价税合计（大写）	⊗叁仟伍佰元整　　　　　　　　　（小写）￥3 500.00		
销售方	名　　　称：智识百货有限公司 纳税人识别号：91110101780227**8**325 地　址、电话：北京市东城区诚庄西里25号 　　　　　　　010-81239795 开户行及账号：交通银行北京分行 　　　　　　　11000670306710**8**091001	备注	（智识百货有限公司 911101017802278325 发票专用章）

收款人：　　　　复核：　　　　开票人：王信　　　销售方（章）

记 账 凭 证

年　月　日　　　　　　　　　　　　　　　　　　字第　号

摘 要	总账科目	明细科目	借方金额 亿千百十万千百十元角分	贷方金额 亿千百十万千百十元角分	√
	合　　　计				

附单据　　张

会计主管：　　记账：　　出纳：　　复核：　　制单：

（4）2020 年 09 月 06 日，新华经贸发展有限公司将营业收入存入银行，请根据背景单据编制记账凭证。（凭证编号：004）

凭证 4-1

交通银行（北京分行）现金解款单（回　单）①

2020 年 09 月 06 日

收款单位	全　称	新华经贸发展有限公司	款项来源	货款
	账　号	110006765465544111111	解款部门	新华经贸发展有限公司

人民币（大写）	伍仟元整					十万	千	百	十	元	角	分
						￥	5	0	0	0	0	0

票面	张数	种类	千	百	十	元	角	分
壹佰元		一　元						
五十元		角　票						
十　元		分　币						
五　元		封　包						
二　元								

交通银行
北京分行
2020.09.06
收讫
(01)

（收款银行盖章）

此联由银行盖章后退回单位

记 账 凭 证

年 月 日 字第 号

摘要	总账科目	明细科目	借方金额 亿千百十万千百十元角分	贷方金额 亿千百十万千百十元角分	✓
					□
					□
					□
					□
					□
	合 计				□

附单据 张

会计主管：　　　记账：　　　出纳：　　　复核：　　　制单：

（5）2020年09月07日，新华经贸发展有限公司从银行存款户提取现金，准备发放工资，请根据背景单据编制记账凭证。（凭证编号：005）

凭证5-1

交通银行
现金支票存根
30101122
23095711

附加信息 _____

出票日期 *2020* 年 *09* 月 *07* 日

收款人：新华经贸发展有限公司
金　额：￥80 000.00
用　途：发放工资

单位主管　　　会计

记 账 凭 证

年　月　日　　　　　　　　　　　　　　　　　字第　　号

摘 要	总账科目	明细科目	借方金额 亿千百十万千百十元角分	贷方金额 亿千百十万千百十元角分	√
合　　　　计					

会计主管：　　　　记账：　　　　出纳：　　　　复核：　　　　制单：

（6）2020年09月07日,新华经贸发展有限公司发放职工工资,请根据背景单据编制记账凭证。（凭证编号:006）

凭证6-1

工 资 表

单位：元

序号	姓名	基本工资	浮动工资	应发工资	社保费（个人）	公积金（个人）	个人所得税	实发工资	签名
01	张筱雨	2 400.00	1 100.00	3 500.00	300.00	200.00	0.00	3 000.00	张筱雨
02	李雯雯	2 400.00	1 100.00	3 500.00	300.00	200.00	0.00	3 000.00	李雯雯
03	郭冬冬	2 880.00	1 100.00	3 980.00	300.00	200.00	0.00	3 480.00	郭冬冬
04	谢文婷	2 600.00	1 100.00	3 700.00	300.00	200.00	0.00	3 200.00	谢文婷
05	杨靖宇	2 600.00	1 100.00	3 700.00	300.00	200.00	0.00	3 200.00	杨靖宇
06	穆晓云	2 900.00	1 100.00	4 000.00	300.00	200.00	0.00	3 500.00	穆晓云
07	王爱任	2 700.00	1 100.00	3 800.00	300.00	200.00	0.00	3 330.00	王爱任
08	张芳艳	2 700.00	1 100.00	3 800.00	300.00	200.00	0.00	3 300.00	张芳艳
09	朱琳	2 850.00	1 100.00	3 950.00	300.00	200.00	0.00	3 450.00	朱琳
10	赵小芯	2 900.00	1 100.00	4 000.00	300.00	200.00	0.00	3 500.00	赵小芯
11	王林玉	2 800.00	1 100.00	3 900.00	300.00	200.00	0.00	3 400.00	王林玉
12	宁采花	2 800.00	1 100.00	3 980.00	300.00	200.00	0.00	3 480.00	宁采花
21	张炳鑫	2 500.00	1 100.00	3 600.00	300.00	200.00	0.00	3 100.00	张炳鑫
合计	—	67 525.00	23 100.00	90 625.00	6 300.00	4 200.00	125.00	80 000.00	—

记 账 凭 证

年 月 日

字第 号

摘要	总账科目	明细科目	借方金额 亿千百十万千百十元角分	贷方金额 亿千百十万千百十元角分	✓
	合 计				

会计主管：　　　记账：　　　出纳：　　　复核：　　　制单：

（7）2020 年 09 月 09 日，新华经贸发展有限公司购入办公桌，用银行存款支付，请根据背景单据编制记账凭证。（达到固定资产确认的标准）（凭证编号：007）

凭证 7-1

1100132652

北京增值税普通发票　　No.30961855

1100132652
30961855

校验码 11001 53634 13412 21301　　发 票 联　　开票日期：2020 年 09 月 09 日

购买方	名　　称：新华经贸发展有限公司 纳税人识别号：911101011673421073 地　址、电　话：北京市东城区海天路 87 号 010-89348787 开户行及账号：交通银行北京分行 110006765465544111111	密码区	03＊3187＜4／＋8490＜＋95－59＋7＜243 4987＜0－－＞＞－6＞525＜693719－＞7＊7 87＊3187＜4／＋8490＜＋95708681380 9＜712／＜1＋9016＞6906＋＋＞84＞93／-

货物及应税劳务、 服务的名称	规格型号	单位	数量	单价	金额	税率	税额
办公桌		张	1.00	2 300.00	2 300.00	3%	69.00
合　　计					¥2 300.00		¥69.00

价税合计（大写）	⊗ 贰仟叁佰陆拾玖元整	（小写）¥2 369.00

销售方	名　　称：北京雅戈商贸有限公司 纳税人识别号：911101018966363554 地　址、电　话：北京天坛路 98 号 010-59273872 开户行及账号：中国银行北京分行 678954358885441111	备注	（北京雅戈商贸有限公司 911101018966363554 发票专用章）

收款人：　　　复核：　　　开票人：刘星　　　销售方（章）

凭证7-2

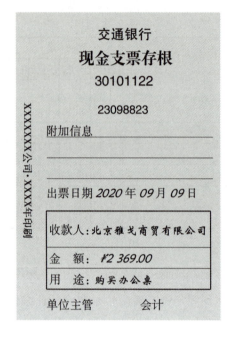

凭证7-3

交通银行	进 账 单（回 单）	1

2020年09月09日

出票人	全 称	新华经贸发展有限公司	收款人	全 称	北京雅戈商贸有限公司	此联是开户银行交给持票人的回单
	账 号	1100067654465544111111		账 号	678954358885441111	
	开户银行	交通银行北京分行		开户银行	中国银行北京分行	
金额	人民币（大写）	贰仟叁佰陆拾玖元整	交通银行北京分行 2020.09.09 转讫 (01)	亿千百十万千百十元角分 ¥236900		
票据种类	现金支票	票据张数	1			
票据号码	23098823					
	复核　　记账			开户银行签章		

凭证 7-4

固定资产验收单

2020 年 09 月 09 日　　　　　　　　　　　　　　　　　编号：12011

名　称	规格型号	来源	数量	购（造）价	使用年限	预计残值
办公桌		外购	1	2 369.00	3	118.45
安装费	月折旧率	建造单位		交工日期	附件	
	2.64%			2020 年 09 月 09 日		
验收部门	行政部	验收人员	王正和	管理部门	行政部	管理人员	王正和
备注						

审核：李华敏　　　制单：陈圆

记　账　凭　证

年　月　日　　　　　　　　　　　　　　字第　号

摘　要	总账科目	明细科目	借方金额 亿千百十万千百十元角分	贷方金额 亿千百十万千百十元角分	√
		合　　计			

会计主管：　　　记账：　　　出纳：　　　复核：　　　制单：

（8）2020 年 09 月 15 日，新华经贸发展有限公司用银行存款支付前欠佳佳商店货款，请根据背景单据编制记账凭证。（凭证编号：008）

凭证 8-1

交通银行 进 账 单（回 单）   1
2020 年 09 月 15 日

出票人	全 称	新华经贸发展有限公司	收款人	全 称	佳佳商店
	账 号	110006765465544111111		账 号	567801264908091001
	开户银行	交通银行北京分行		开户银行	中国银行北京分行

金额	人民币（大写）	肆仟元整		亿 千 百 十 万 千 百 十 元 角 分
				¥ 4 0 0 0 0 0

交通银行
北京分行
2020.09.15
转讫
(01)

票据种类	现金支票	票据张数	1
票据号码	23456543		

复核　　　记账　　　　　　　　　　　开户银行签章

此联是开户银行交给持票人的回单

凭证 8-2

交通银行
现金支票存根
30101122
23456543

附加信息

出票日期 2020 年 09 月 15 日
收款人：佳佳商店
金　额：¥4 000.00
用　途：支付货款

单位主管　　　会计

记 账 凭 证

年 月 日

字第 号

摘 要	总账科目	明细科目	借方金额 亿千百十万千百十元角分	贷方金额 亿千百十万千百十元角分	✓
					□
					□
					□
					□
					□
	合 计				□

会计主管：　　　记账：　　　出纳：　　　复核：　　　制单：

附单据　张

2．根据经济业务编制收款凭证。

（1）2020年09月25日，北京化工有限公司销售二丙烯基醚产品一批，货款已收，请根据背景单据编制收款凭证。（凭证编号：085）

凭证1-1

凭证1-2

销 售 单

购货单位：山东烟台化工厂　　地址和电话：烟台市幸福村56号 0535-35896555　　单据编号：S01126042
纳税人识别号：913706028965550987　开户行及账号：交通银行烟台分行 21345216781590251433

制单日期：2020年09月25日

编码	产品名称	规格	单位	单价	数量	金额	备注
01	二丙烯基醚		千克	250.00	2 000.00	500 000.00	不含税价
合计	人民币（大写）：伍拾万元整					¥500 000.00	

合计联

总经理：**王靓瑛**　　销售经理：**李晓**　　经手人：**李克**　　会计：**张哲**　　签收人：

凭证1-3

交通银行业务回单

2020年09月25日　　　　　　　　　　凭证编号：03374065

付款人	全称	山东烟台化工厂	收款人	全称	北京化工有限公司
	账号	21345216781590251433		账号	020000100901213644121
	开户行	交通银行烟台分行		开户行	交通银行北京分行
大写金额	人民币（大写）伍拾陆万伍仟元整				十亿千百十万千百十元角分 　　　　¥５６５０００００
用途	货款				
备注	业务种类 原凭证种类 原凭证号码 原凭证金额			开户行盖章	

（交通银行北京分行 2020.09.25 收讫(01)）

2020年09月25日

收 款 凭 证

借方科目　　　　　　　　　　　年　月　日　　　　　　　　　　字第　号

摘　要	贷方科目		✓	金　额										附单据
	总账科目	明细科目		千	百	十	万	千	百	十	元	角	分	
														张
合　　计														

财务主管：　　　　　记账：　　　　　出纳：　　　　　复核：　　　　　制单：

（2）2020年09月18日，北京化工有限公司收回上月销售款，请根据背景单据编制收款凭证。（凭证编号：108）

凭证2-1

交通银行 进 账 单（收账通知）　3

2020年09月18日

出票人	全　称	北京瑞鑫加工厂		收款人	全　称	北京化工有限公司										此联是收款人开户银行交给收款人的收账通知
	账　号	12343125032210011220			账　号	0200001009012136441211										
	开户银行	中国工商银行北京支行			开户银行	交通银行北京分行										
金额	人民币（大写）	伍万捌仟元整		交通银行北京分行 2020.09.18 收讫 (01)		亿	千	百	十	万	千	百	十	元	角	分
									¥	5	8	0	0	0	0	
票据种类			票据张数													
票据号码																
				复核　　记账							开户银行签章					

收 款 凭 证

借方科目　　　　　　　　　　　　　　　年　月　日　　　　　　　　　　　字第　号

摘要	贷方科目		√	金　额									附单据
	总账科目	明细科目		千	百	十	万	千	百	十	元	角	分
合　计													

财务主管：　　　　记账：　　　　出纳：　　　　复核：　　　　制单：

（3）2020年12月23日，北京南方股份有限公司向银行借入短期借款，请根据背景单据编制收款凭证。（凭证编号：081）

凭证3-1

借款合同

借款单位：（以下简称借方）北京南方股份有限公司
贷款单位：（以下简称贷方）交通银行北京分行
　　借款方为生产周转需要，特向贷款方申请借款，经贷款方审核同意发放。为明确双方责任，恪守信用，特签订本合同，共同遵守。
　　第一，借款方向贷款方借款人民币（大写）捌万元整，期限三个月，从2020年12月23日至2021年03月22日，年利率为6%。自支用贷款之日起，按月计算利息，按季结息，到期归还本金。
　　第二，贷款方应如期向借款方发放贷款，否则，按违约数额和延期天数付给借款方违约金。违约金数额的计算与逾期贷款罚息相同，即为1%。
　　第三，贷款利率，按年利率6%。
　　第四，借款方应按协议使用贷款，不得转移用途。否则，贷款方有权提前终止协议。
　　第五，借款方保证按借款合同所定期限归还贷款本息。如需延期，借款方应在贷款到期前3天提出延期申请，经贷款方同意，办理延期手续。但延期最长不得超过原定合同期限的一半。贷款方未同意延期或未办理延期手续的逾期贷款，加收罚息。
　　第六，借款方以价值10万元的房产作为借款抵押，产权证件由贷款方保管（或公证机关保管）。公证费由借款方负担。
　　第七，贷款到期，借款方未归还贷款，又未办理延期手续，贷款方有权依照法律程序处理借款方作为贷款抵押的物资和财产，抵还借款本息。
　　第八，本合同正本一式两份，借、贷方各执一份。
　　第九，本合同自签订之日起生效，贷款本息全部偿清后失效。
　　借款单位（人）：北京南方股份有限公司（签章）　　贷款单位：交通银行北京分行（签章）
　　负责人：赵洲翔　　　　　　　　　　　　　　　　　审批组长：林金
　　签约日期：2020年12月22日　　　　　　　　　　　　签约日期：2020年12月22日

凭证 3-2

借款借据（收账通知）

借款日期 2020 年 12 月 23 日   借据编号：201837

收款单位	名 称	北京南方股份有限公司	付款单位	名 称	交通银行北京分行
	开户账号	110007609048708091012		放款户账号	110007609048708091011
	开户银行	交通银行北京分行		开户银行	交通银行北京分行

借款金额	人民币（大写）	捌万元整	千	百	十	万	千	百	十	元	角	分
						¥8	0	0	0	0	0	0

借款原因及用途	生产周转资金	借款期限	2020 年 12 月 23 日至 2021 年 03 月 22 日

你单位上列借款，已转入你单位结算户内。

此致
（银行盖章）

此联退还借款单位

（加盖：交通银行北京分行 2020.12.23 转讫 (01)）

收 款 凭 证

借方科目：   年 月 日   字第 号

摘 要	贷方科目		√	金 额										附单据 张
	总账科目	明细科目		千	百	十	万	千	百	十	元	角	分	
合 计														

财务主管：   记账：   出纳：   复核：   制单：

3. 根据经济业务编制付款凭证。

（1）2020 年 09 月 05 日，北京化工有限公司管理部门以现金购买办公用品（小件物品，未通过入库，直接领用），请根据背景单据编制付款凭证。（凭证编号：009）

凭证 1-1

报 销 单

填报日期：2020 年 09 月 05 日　　　　单据及附件共 1 张

姓名	柴广进	所属部门	行政部	报销形式	现金
				支票号码	

报销项目	摘要	金额	备注：
计算器		500.00	
	现金付讫		
合　计		¥500.00	

金额大写：零拾零万零仟伍佰零拾零元零角零分	原借款： 元	应退(补)款：¥500.00 元

总经理：王靓瑛　　财务经理：郑镭　　部门经理：柴少锋　　会计：张哲　　出纳：马峰　　报销人：柴广进

凭证 1-2

北京增值税普通发票　No.30961856

1100062650
校验码 84123 83238 42348 23474　　发票联　　开票日期：2020 年 09 月 05 日

购买方	名　　称	北京化工有限公司	密码区	03＊3187＜4/＋8490＜＋95－59＋7＜243 4987＜0－－＞＞－6＞525＜693719－＞7＊7 87＋3187＜4/＋8490＜＋95708681380 9＜712/＜1＋9016＞6906＋＋＞84＞93/－
	纳税人识别号：91110108590544591			
	地址、电话：北京海淀区西苑三里08号 010-83847491			
	开户行及账号：交通银行北京分行 020000100901213644121			

货物及应税劳务、服务的名称	规格型号	单位	数量	单价	金额	税率	税额
计算器		个	10	44.248	442.48	13%	57.52
合　计					¥442.48		¥57.52

价税合计（大写）	⊗伍佰元整	（小写）¥500.00

销售方	名　　称	恒通商贸有限公司	备注	（恒通商贸有限公司 发票专用章 91110108802212175 2）
	纳税人识别号：911101088022121752			
	地址、电话：中关村南大街豪太大厦 010-85103148			
	开户行及账号：交通银行北京分行 020000100901412677812			

收款人：　　　复核：　　　开票人：宋明　　　销售方(章)

付 款 凭 证

贷方科目：　　　　　　　　　　　年　月　日　　　　　　　　　　字第　号

摘要	借方科目		✓	金　额									附单据
	总账科目	明细科目		千	百	十	万	千	百	十	元	角	分
合　计													

财务主管：　　　　记账：　　　　出纳：　　　　复核：　　　　制单：

（2）2020 年 12 月 02 日，高科通信设备有限公司支付所欠北京百货公司购货款，请根据背景单据编制付款凭证。（凭证编号：023）

凭证 2-1

交通银行 进 账 单（回 单）　1

2020 年 12 月 02 日

出票人	全　称	高科通信设备有限公司	收款人	全　称	北京百货公司
	账　号	430016614000500012761		账　号	1208764100005568869
	开户银行	交通银行北京分行		开户银行	中国工商银行北京分行

金额	人民币（大写）	叁万元整	亿	千	百	十	万	千	百	十	元	角	分
						¥	3	0	0	0	0	0	0

票据种类	转账支票	票据张数	1
票据号码	23197231		

交通银行
北京分行
2020.12.02
转讫
（01）

复核　　记账　　　　　　　　　　开户银行签章

此联是收款人开户银行交给收款人的收账通知

凭证2-2

```
           交通银行
         转账支票存根
           30101122
           23197231
    附加信息 _____
           _____
           _____
    出票日期 2020 年 12 月 02 日
    收款人：北京百货公司
    金　额：¥30 000.00
    用　途：支付货款
    单位主管        会计
```
（XXXXXX公司·XXXX年印制）

付 款 凭 证

贷方科目　　　　　　　　　　　年　月　日　　　　　　　　　　　字第　号

摘　要	借方科目		√	金　额										附单据
	总账科目	明细科目		千	百	十	万	千	百	十	元	角	分	
														张
合　计														

财务主管：　　　　记账：　　　　出纳：　　　　复核：　　　　制单：

（3）2020年09月01日，北京化工有限公司偿还前欠祥源化工原料厂的材料款，请根据背景单据编制付款凭证。（凭证编号：002）

凭证 3-1

交通银行 进 账 单（回 单） 1

2020 年 09 月 01 日

出票人	全 称	北京化工有限公司	收款人	全 称	祥源化工原料厂
	账 号	020000100901213644121		账 号	678509070708091001
	开户银行	交通银行北京分行		开户银行	中国银行北京分行

金额	人民币（大写）	贰拾伍万元整											
			亿	千	百	十	万	千	百	十	元	角	分
					¥	2	5	0	0	0	0	0	0

票据种类	转账支票	票据张数	1
票据号码	23909023		

交通银行北京分行 2020.09.01 转讫 (01)

复核　　记账　　　　　　　　开户银行签章

此联是开户银行交给持票人的回单

凭证 3-2

付 款 凭 证

贷方科目　　　　　　　　　　年　月　日　　　　　　　　字第　　号

摘要	借方科目		√	金　额									附单据
	总账科目	明细科目		千	百	十	万	千	百	十	元	角	分
	合　计												

财务主管：　　　　记账：　　　　出纳：　　　　复核：　　　　制单：

4. 根据经济业务编制转账凭证。

（1）2020 年 09 月 15 日，北京化工有限公司按实际成本法采购材料一批，材料已入库，款项尚未支付，请根据背景单据编制转账凭证。（凭证编号：054）

凭证 1-1

3500131142　　　　　　　　　　　　　　　　　　　　　3500131142
　　　　　　　　　福建增值税专用发票　　No.60972918　　60972918

　　　　　　　　　　　发 票 联　　　开票日期：2020 年 09 月 15 日

购买方	名　　称：北京化工有限公司 纳税人识别号：91110108590544591 地　址、电话：北京海淀区西苑三里08号 010-83847491 开户行及账号：交通银行北京分行 02000010090121364421	密码区	03 ＊3187＜4/ ＋8490＜ ＋95 －59 ＋7＜243 4987＜0 －－＞ －6＞525＜693719 －＞7＊7 87 ＊3187＜4/ ＋8490＜ ＋95708681380 9＜712/＜1＋9016＞6906＋＋＞84＞93/－
货物及应税劳务、服务的名称	规格型号	单位	数量	单价	金额	税率	税额
丙酮		千克	500.00	200.00	100 000.00	13%	13 000.00
合　　计					￥100 000.00		￥13 000.00
价税合计（大写）	⊗壹拾壹万叁仟元整				（小写）￥113 000.00		
销售方	名　　称：福州市化工厂 纳税人识别号：913501005852398822 地　址、电话：福州市黄山路88号 0591-12548741 开户行及账号：中国工商银行福州支行 1560665334567856432	备注	福州市化工厂 913501005852398822 发票专用章

收款人：　　　　复核：　　　　开票人：王立　　　　销售方（章）

凭证 1-2

入 库 单

2020 年 09 月 15 日　　　　　　　　　　　　　　单号 41985425

交来单位及部门	福州市化工厂	发票号码或生产单号码	60972918		验收仓库	一号仓库		入库日期	2020 年 09 月 15 日		
编号	名称及规格	单位	数量		实际价格		计划价格		价格差异	合计联
			交库	实收	单价	金额	单价	金额		
01	丙酮	千克	500.00	500.00						
	合　计									

部门经理：　　　　会计：　　　　仓库：林凡　　　　经办人：董华

转 账 凭 证

年　月　日　　　　　　　　　　　　　　字第　号

摘　要	会计科目		√	借方金额	贷方金额	附单据
	总账科目	明细科目		千百十万千百十元角分	千百十万千百十元角分	
						张
	合　计					

财务主管：　　　记账：　　　出纳：　　　复核：　　　制单：

（2）2020 年 12 月 31 日，高科通信设备有限公司（适用企业会计准则）计提分配本月工资，请根据背景单据编制转账凭证。（凭证编号：128）

凭证 2-1

2020 年 12 月工资计提表

部门名称	人员类别	人数	工资
生产部门	生产工人	4	20 000.00
管理部门	企业管理人员	2	6 000.00
销售部门	营销人员	5	30 000.00
合　计		11	￥56 000.00

转 账 凭 证

年　月　日　　　　　　　　　字第　号

摘　要	会计科目		✓	借方金额	贷方金额	
	总账科目	明细科目		千百十万千百十元角分	千百十万千百十元角分	
						附单据
						张
	合　　　计					

财务主管：　　　　记账：　　　　出纳：　　　　复核：　　　　制单：

（3）2020年09月09日，北京化工有限公司生产车间领用材料清洗设备，请根据背景单据编制转账凭证。（凭证编号：070）

凭证3-1

领　料　单

领料部门：生产部门

用　途：清洗设备　　　　2020年09月09日　　　　03第　12　号

材　料			单位	数量		单价	成本	
编号	名称	规格		请领	实发		总价	
							百十万千百十元角分	会计联
006	汽油	80#	升	20.00	20.00			
合计								

部门经理：　　　会计：崔亮　　　仓库：李名贵　　　经办人：王二小

凭证 3-2

发出材料计算表

材料品名	计量单位	期初结存数量	本期购入数量	期初结存金额	本期购入金额	单位成本	车间共耗	
							数量	金额
汽油	升	30	50	57.00	95.00	1.90	20	38.00

审核：郑镭　　　　　　　　　　　　　　　　　　　制表：崔亮

转　账　凭　证

年　月　日　　　　　　　　　　　　　字第　　号

摘　要	会计科目		✓	借方金额	贷方金额	附单据
	总账科目	明细科目		千百十万千百十元角分	千百十万千百十元角分	
						张
合　　计						

财务主管：　　　　记账：　　　　出纳：　　　　复核：　　　　制单：

项目七

登记会计账簿

＊本章节中的内容,除特别指出外,一般适用于手工记账。

知识认知能力训练

1. 会计账簿是由相互联系的具有专门格式的_____组成的,是以_____为依据,用来_____、_____、_____地记录和反映企业各项经济业务的_____(账册)。

2. 设置账簿是会计工作的一个重要步骤,通过设置和登记_____,把大量分散的数据通过账簿进行归类整理,逐步加工成为有用的会计信息,以便全面记录各单位经济活动的全过程,并为下一步编制_____提供重要依据。账簿的设置一般称为_____。

3. 会计账簿的作用:账簿可以_____、_____、_____地反映经济活动,账簿是编制_____的依据,账簿是重要的_____,账簿是_____的依据。

4. 建账分为_____和_____。

5. 账簿按_____分为序时账簿、分类账簿和备查账簿。

6. 序时账簿也称_____,是按各项经济业务发生或完成时间的先后顺序,_____、_____进行连续登记的账簿,所以又称为"_____"。古代会计中亦称之为"_____"。

7. 日记账一般有两种:一种是用来记录全部业务的日记账,称为"_____";另一种是用来记录某一类型经济业务的日记账,称为"_____"。如记录现金收付业务及其结存情况的_____,记录银行存款收付业务及其结存情况的_____,以及专门记录转账业务的转账日记账。为了加强对货币资金的监督和管理,我国大多数企业一般只设_____和_____。

8. 分类账簿是对全部经济业务按照_____的具体类别而设置的分类账户进行登记的账簿。分类账簿按照账户分类的层次分为_____和_____。

9. 按照总分类账户分类登记经济业务的是总分类账簿,简称_____,总分类账提供_____的会计信息;按照明细分类账户分类登记经济业务的是明细分类账簿,简称_____,明细分类账提供_____的会计信息。明细分类账是对总分类账的_____和_____,并受总分类账的_____和_____。

10. 备查账簿也称辅助账簿、备查簿,是对某些序时账簿和分类账簿_____的经济业务或_____的项目进行补充登记的账簿,如_____等。

11. 账簿按账页格式分为_____、_____、_____和_____等。

12. 两栏式账簿是指只有借方和贷方两个基本金额栏目的账簿,如_____和转账日记账一般采用两栏式账簿。

13. 三栏式账簿是指设有_____、_____和_____三个基本栏目的账簿,如_____、_____及_____、_____明细账都可采用三栏式账簿。

14. 多栏式账簿是指在账簿的借方和贷方两个基本栏目下面,按需要分设_____的账簿,如_____、_____、_____等明细账一般采用这种格式的账簿。

15. 数量金额式账簿是指在设置借方、贷方和余额三大栏目的账页的基础上,在每一个大栏内都分设_____、_____和_____三个小栏目的账页组成的账簿,如_____、_____等明细账。

16. 账簿按外表形式分为_____、_____、_____。

17. 订本式账簿简称_____,是指在启用前就按顺序编号把账页装订成册的账簿。订本式账簿的优点是可以防止账页的_____和被非法_____,缺点是不便于记账人员_____,也不便于根据需要_____,会影响账簿记录的连续性或造成账页的浪费。在实际工作中,订本式账簿一般适用于重要事项的登记,如_____、_____、_____等。

18. 活页式账簿也称_____,是指账页在账簿登记完毕之前并不固定装订在一起,而是装在_____中,当账簿登记完毕之后(通常是一个会计年度结束之后),才将账页予以_____,加具_____,并给各账页_____的账簿。采用活页式账簿,其优点是便于_____,可根据需要随时_____,对账户进行重新排列;缺点是账页_____和_____。这种账簿一般适用于各种_____账。

19. 卡片式账簿也称_____,是指由许多分散的、具有一定格式的_____组成的,存放在_____中可随时取用的账簿。在我国,企业一般对_____的核算采用卡片账形式。

20. 账簿的内容包括_____、_____、_____。

21. 账簿的封面主要标明_____和_____名称,如资产总分类账、材料明细分类账、库存现金日记账等。

22. 账簿的扉页主要用来登载账簿启用及经管人员一览表,其主要内容是_____、

　　　　　　　　、　　　　　　　　、　　　　　　　　、　　　　　　　　、　　　　　　　　、
　　　　　　　　、移交人和移交日期、接管人和接管日期。

23. 账页是账簿的　　　　　　。账页的格式因反映的经济业务内容不同而不同。各种格式的账页一般包括以下基本内容：
　　（1）　　　　　　　　　　；（2）　　　　　　　　　　；
　　（3）　　　　　　　　　　；（4）　　　　　　　　　　；
　　（5）　　　　　　　　　　；（6）　　　　　　　　　　；等等。

24. 日记账又称　　　　　　，是对各项经济业务按其发生时间的　　　　　　　，　　　　　　进行登记的账簿。日记账又分为普通日记账和　　　　　　日记账。

25. 特种日记账指专门用来登记某一类经济业务的日记账。各单位通常应设置　　　　　　　　　　　　、　　　　　　　　。库存现金日记账与银行存款日记账必须采用　　　　　　账簿。根据各单位需要,可设　　　　　　和　　　　　　。

26. 库存现金日记账是用来登记库存现金的　　　　　　、　　　　　　和　　　　　　情况的账簿,由出纳员根据审核无误的　　　　　　、　　　　　　及　　　　　　（企业从银行提取现金业务）,按时间先后顺序　　　　　　登记。

27. 银行存款日记账由出纳员根据审核后的　　　　　　、　　　　　　及与银行存款有关的　　　　　　　　　　,逐日逐笔顺序登记。一般在适当位置上增加"结算凭证"一栏,以便记账时标明每笔业务的结算凭证种类及编号,用于和银行核对账目。一般格式为　　　　　　银行存款日记账。

28. 总分类账可以直接根据各种　　　　　　逐笔进行登记,也可以将各种记账凭证先汇总编制成　　　　　　或　　　　　　,再据以登记总分类账。总分类账一般采用　　　　　　、　　　　　　。

29. 明细分类账对总分类账起　　　　　　的作用,其所提供的会计数据也是编制　　　　　　的重要依据,各企业应根据需要设置必要的明细分类账。

30. 明细分类账一般采用　　　　　　或　　　　　　。明细分类账的格式一般有　　　　　　、　　　　　　、　　　　　　和　　　　　　（也称平行式）四种。

31. 平行式明细分类账也称　　　　　　明细分类账。它的账页结构特点是,将前后密切相关的经济业务在同一横行内进行详细登记,以检查每笔经济业务完成及变动情况。这种明细分类账一般适用于　　　　　　、　　　　　　和报销　　　　　　等明细分类核算。

32. 总分类账和明细分类账所记录的经济业务的　　　　　　相同,登记的　　　　　　相同,所不同的只是提供核算资料的　　　　　　的差别。

33. 平行登记的要点可概括如下：
　　（1）登记的　　　　　　。每项经济业务发生以后,都要根据审核无误的　　　　　　,

一方面记入有关的＿＿＿＿＿＿,另一方面记入该总分类账所属的＿＿＿＿＿＿＿。

（2）登记的＿＿＿＿＿＿。总分类账及其所属明细分类账登记的方向必须一致,即如果在总分类账中登记在＿＿＿＿,则在其所属明细分类账中也应登记在＿＿＿＿；如果在＿＿＿＿＿＿中登记在贷方,则在其＿＿＿＿＿＿中也应登记在贷方。

（3）登记的＿＿＿＿＿＿。对每一项经济业务,记入总分类账户的金额与记入其所属明细分类账的金额＿＿＿＿＿＿。如果同时涉及几个明细分类账,则记入总分类账的＿＿＿＿＿＿与其所属的几个明细分类账的＿＿＿＿＿＿应当相等。

34. 会计人员在登记账簿时,必须严肃认真、一丝不苟,按照有关手续与规定进行。在实际工作中,由于各种原因会造成登账不慎,出现＿＿＿＿、＿＿＿＿等现象。发现错误记录,应及时查明原因,按照＿＿＿＿＿＿＿＿进行更正。

35. 画线更正法是指用＿＿＿＿＿＿注销原有记录,以更正错账的一种方法。在结账前发现账簿记录的文字或数字有错误,而其所依据的＿＿＿＿＿＿＿＿＿＿＿＿,即纯属笔误或计算错误,应采用画线更正法予以更正。

36. 红字更正法是＿＿＿＿＿＿＿＿＿＿＿,以更正和调整账簿记录的一种方法,它适用于以下两种情况：

（1）记账后,发现记账凭证中的＿＿＿＿＿＿＿＿＿＿＿＿＿＿＿＿＿有错误,且记账凭证与账簿记录的＿＿＿＿＿＿一致。

（2）记账以后,如果发现记账凭证中＿＿＿＿＿＿＿＿正确,只是＿＿＿＿＿＿＿＿＿＿＿＿＿＿＿＿＿＿,并已＿＿＿＿＿＿,则可以采用＿＿＿＿＿＿。

37. 补充登记法是记账以后,发现记账凭证和账簿记录中＿＿＿＿＿＿＿＿＿＿,只是＿＿＿＿＿＿＿＿＿＿＿＿＿＿的,可以采用＿＿＿＿＿＿进行更正。

38. 所谓对账,就是指＿＿＿＿＿＿,是指＿＿＿＿＿＿＿＿＿＿＿＿＿＿＿＿＿。对账的作用是,可以及时发现记账过程中的错误,以保证账簿记录的＿＿＿＿＿＿、＿＿＿＿和＿＿＿＿＿＿,最终为＿＿＿＿＿＿＿＿＿＿＿＿＿＿＿提供可靠的依据。

39. 账证核对就是将各种＿＿＿＿＿＿＿＿＿＿＿＿＿＿＿＿＿＿＿等进行核对,看其是否一致。账证核对要求会计人员在编制凭证和记账过程中认真进行复核,并通过＿＿＿＿＿＿或＿＿＿＿＿＿的复查进行核对,以保证账证相符。

40. 账账核对即＿＿＿＿＿＿＿＿＿＿＿＿＿＿＿＿＿＿＿＿＿。一般是在＿＿＿＿＿＿＿＿＿的基础上进行的,其目的是保证＿＿＿＿＿＿＿。核对内容包括以下几种：

（1）总分类账各账户的期末＿＿＿＿＿＿＿＿＿与＿＿＿＿＿＿＿＿＿核对相符;这种核对是通过＿＿＿＿＿＿＿＿＿＿＿＿＿＿＿＿＿＿进行的。

（2）总分类账中的＿＿＿＿＿＿和＿＿＿＿＿＿账户的期末余额分别与＿＿＿＿＿＿和＿＿＿＿＿＿的期末余额核对相符。

（3）总分类账各账户的＿＿＿＿＿＿＿＿＿与＿＿＿＿＿＿＿＿＿＿＿＿＿＿＿

核对相符。

（4）会计部门的各种_____与_____的有关_____核对相符。

41. 账实核对是指各种财产物资的_____与_____的核对，即_____的核对。账实核对的主要内容有：

（1）_____；

（2）_____；

（3）_____；

（4）_____。

42. 结账就是把一定时期内（月份、季度、年度）_____，计算并记录各个账户的_____，并将_____转入下期或新账的工作。

43. 结账工作通常是_____进行的，分为_____、_____和_____三种。结账的时间应该在_____进行，即以公历_____作为结账时间。在会计实务中，一般采用_____的方法进行结账，结账的标志是_____。月结时_____，年结时_____。

基础能力训练

一、单项选择题

1. (   )是会计核算的中心环节。
   A. 填制和审核会计凭证　　　　B. 进行成本计算
   C. 设置和登记账簿　　　　　　D. 编制财务会计报告
2. 设置和登记账簿是(   )的基础。
   A. 复式记账　　　　　　　　　B. 填制记账凭证
   C. 编制会计分录　　　　　　　D. 编制会计报表
3. 下列账簿格式中，不属于按用途分类的是(   )。
   A. 活页账　　　B. 分类账　　　C. 日记账　　　D. 备查账
4. 能够提供企业某一类经济业务增减变化较为详细的会计信息的账簿是(   )。
   A. 明细分类账　　　　　　　　B. 总分类账
   C. 备查簿　　　　　　　　　　D. 记账凭证
5. 在我国，单位一般只针对(   )采用卡片账形式。
   A. 库存商品明细账　　　　　　B. 银行存款日记账

C. 应交增值税明细账　　　　　　　D. 固定资产明细账

6. 在启用之前就已将账页装订在一起,并对账页进行了连续编号的账簿称为(　　)。
   A. 订本账　　　B. 活页账　　　C. 卡片账　　　D. 联合式账

7. 账簿按(　　)不同,可分为两栏式账簿、三栏式账簿、多栏式账簿和数量金额式账簿。
   A. 用途　　　B. 作用　　　C. 账页格式　　　D. 外形特征

8. 能够序时反映企业某一类经济业务会计信息的账簿是(　　)。
   A. 明细分类账　　　　　　　　　B. 总分类账
   C. 备查簿　　　　　　　　　　　D. 日记账

9. 能够提供企业某一类经济业务增减变化总括的会计信息的账簿是(　　)。
   A. 明细分类账　　　　　　　　　B. 总分类账
   C. 备查簿　　　　　　　　　　　D. 日记账

10. 总账及特种日记账的外表形式应采用(　　)。
    A. 活页式　　　　　　　　　　　B. 卡片式
    C. 订本式　　　　　　　　　　　D. 任意外表形式

11. 生产成本明细账应采用(　　)。
    A. 三栏式　　　　　　　　　　　B. 多栏式
    C. 数量金额式　　　　　　　　　D. 横线登记式

12. 下列明细分类账中,可以采用数量金额式明细分类账的是(　　)。
    A. 库存商品明细分类账　　　　　B. 应付账款明细分类账
    C. 管理费用明细分类账　　　　　D. 财务费用明细分类账

13. 下列做法中,不符合会计账簿记账规则的是(　　)。
    A. 使用圆珠笔登账
    B. 登记后在记账凭证上注明已经登账的符号
    C. 账簿中书写的文字和数字一般应占格距的1/2
    D. 按账簿页次顺序连续登记,不得跳行隔页

14. 账簿中书写的文字和数字一般应占格距的(　　)。
    A. 3/4　　　B. 1/3　　　C. 2/3　　　D. 1/2

15. 如果企业的记账凭证正确,在记账时发生错误导致账簿记录错误,则应采用(　　)进行更正。
    A. 画线更正法　　　　　　　　　B. 平行登记法
    C. 补充登记法　　　　　　　　　D. 红字更正法

16. 企业收回货款 1 300 元并存入银行,会计在记账凭证中将金额填为 13 000 元并已入账,其正确的更正方法应是(　　)。
    A. 以画线更正法更正

B. 用红字借记"应收账款"账户 13 000 元,贷记"银行存款"13 000 元

C. 用蓝字借记"银行存款"账户 1 300 元,贷记"应收账款"1 300 元

D. 用红字借记"银行存款"账户 11 700 元,贷记"应收账款"11 700 元

17. 下列错账中,可以采用补充登记法更正的是(   )。

    A. 记账后在当年内发现记账凭证所记的会计分录错误

    B. 结账前发现账簿记录有文字或数字错误,而记账凭证没有错误

    C. 记账后在当年内发现记账凭证所记金额大于应记金额

    D. 记账后发现记账凭证填写的会计科目无误,只是所记金额小于应记金额

18. 会计账簿暂由本单位财务会计部门保管(   ),期满之后,由财务会计部门编造清册移交本单位的档案管理部门保管。

    A. 10 年　　　　　　B. 1 年　　　　　　C. 5 年　　　　　　D. 3 年

二、多项选择题

1. 登记账簿的依据可以是(   )。
    A. 原始凭证　　　　　　　　　　　B. 记账凭证
    C. 记账凭证汇总表　　　　　　　　D. 原始凭证汇总表

2. 账簿按账页格式分类包括(   )。
    A. 三栏式账簿　　　　　　　　　　B. 多栏式账簿
    C. 数量金额式账簿　　　　　　　　D. 活页式账簿

3. 账簿按外表形式分类包括(   )。
    A. 三栏式账簿　　　　　　　　　　B. 订本式账簿
    C. 卡片式账簿　　　　　　　　　　D. 活页式账簿

4. 账簿按用途分类包括(   )。
    A. 日记账　　　　B. 分类账　　　　C. 备查账　　　　D. 总账

5. 下列账簿可采用三栏式账页的有(   )。
    A. 材料明细账　　　　　　　　　　B. 其他应收款总账
    C. 库存商品明细账　　　　　　　　D. 银行存款日记账

6. 会计账簿按经济用途的不同,可以分为(   )。
    A. 序时账簿　　　　　　　　　　　B. 分类账簿
    C. 联合账簿　　　　　　　　　　　D. 备查账簿

7. (   )账簿提供的核算信息是编制会计报表的主要依据。
    A. 序时账　　　　B. 总账　　　　C. 明细账　　　　D. 备查账

8. 下列各账户中,既要提供金额指标又要提供实物指标的明细分类账户有( )。
   A."库存商品"账户　　　　　　　　B."原材料"账户
   C."应付账款"账户　　　　　　　　D."应交税费"账户
9. 总分类账户和明细分类账户平行登记要求做到( )。
   A. 登记次数相同　　　　　　　　B. 登记会计期间相同
   C. 记账的方向相同　　　　　　　D. 登记的金额相同
10. 在账务处理中可用红色墨水的情况有( )。
    A. 过次页账
    B. 总账
    C. 更正会计科目和金额同时错误的记账凭证
    D. 更正会计科目正确、多记金额的记账凭证
11. 对账的内容一般包括( )。
    A. 账证核对　　B. 账账核对　　C. 账实核对　　D. 账表核对
12. 以下内容中,属于对账范围的有( )。
    A. 库存商品明细账余额与库存商品的核对
    B. 日记账余额与有关总分类账户余额的核对
    C. 账簿记录与有关会计凭证的核对
    D. 账簿记录与报表记录的核对
13. 以下账簿需要在每年初更换新账的是( )。
    A. 固定资产卡片账　　　　　　　B. 库存现金日记账
    C. 银行存款日记账　　　　　　　D. 总账

三、能力判断题

1. 设置和登记账簿是编制会计报表的基础,是连接会计凭证与会计报表的中心环节。
   (　　)
2. 能够提供企业某一类经济业务增减变化较为详细的会计信息的账簿是总分类账。
   (　　)
3. 凡是只进行金额核算的明细分类账都应采用数量金额式的账页格式。　(　　)
4. 总分类账一般适用于订本账;明细分类账一般适用于活页账。　　　(　　)
5. 库存商品明细账一般都采用多栏式账簿。　　　　　　　　　　　　(　　)
6. 库存现金日记账和银行存款日记账,既可使用订本账,也可使用活页账。(　　)
7. 总分类账必须直接根据记账凭证登记。　　　　　　　　　　　　　(　　)
8. 应收账款明细账应采用三栏式账页的订本账。　　　　　　　　　　(　　)

9. 总分类账对明细分类账起补充说明的作用,其所提供的会计数据也是编制会计报表的重要依据。（ ）
10. 原材料明细账应采用数量金额式的活页账。（ ）
11. 平行登记要求总分类账与明细分类账在同一天登记完毕。（ ）
12. 登记账簿要用蓝黑墨水或碳素墨水书写,因此不得使用铅笔书写,但可使用钢笔或圆珠笔书写。（ ）
13. 如果在结账前发现账簿记录有文字或数字错误,而记账凭证没有错误,则可采用画线更正法,也可采用红字更正法。（ ）
14. 会计人员在记账以后,若发现所依据的记账凭证中的应借、应贷会计科目有错误,则不论金额多记还是少记,均应采用红字更正法进行更正。（ ）
15. 补充登记法适用于记账凭证所记会计科目错误,或者会计科目无误而所记金额大于应记金额,从而引起的记账错误。（ ）
16. 银行存款日记账与银行对账单的核对属于账账核对。（ ）
17. 对需要按月结计本期发生额,但不需要结计本年累计发生额的账户,月末结账时,只需要在最后一笔经济业务事项记录之下通栏画单红线,不需要再结计一次余额。（ ）
18. 总分类账平时不必每日结出余额,只需要每月结出月末余额。（ ）
19. 每年年初,除了少数明细账不必更换新账外,总账、日记账和大部分明细账都必须更换新账。（ ）
20. 会计账簿暂由本单位出纳保管1年,期满之后,由财务会计部门编造清册移交本单位的档案管理部门保管。（ ）

提升能力训练

一、单项选择题

1. （   ）是编制会计报表的依据。
   A. 填制原始凭证　　　　　　　B. 填制记账凭证
   C. 登记账簿　　　　　　　　　D. 进行成本计算
2. 一般情况下,不需要根据记账凭证登记的账簿是(   )。
   A. 明细分类账　　B. 总分类账　　C. 备查簿　　D. 日记账
3. 下列账户中,必须采用订本式账簿的是(   )。
   A. 原材料明细账　　　　　　　B. 库存商品明细账
   C. 银行存款日记账　　　　　　D. 固定资产登记簿

4. 库存商品明细账一般都采用(　　)。
   A. 订本式账簿　　　　　　　　　B. 三栏式账簿
   C. 多栏式账簿　　　　　　　　　D. 数量金额式账簿
5. 三栏式账簿是设置有(　　)三个基本栏目的账簿。
   A. 日期、摘要、余额　　　　　　B. 日期、借方、贷方
   C. 摘要、借方、贷方　　　　　　D. 借方、贷方、余额
6. 账簿按(　　)不同,可分为订本账、活页账和卡片账。
   A. 作用　　　　B. 账页格式　　　　C. 用途　　　　D. 外形特征

二、多项选择题

1. 会计账簿的基本内容有(　　)。
   A. 封面　　　　B. 扉页　　　　C. 账页　　　　D. 标签
2. 下列情况中,可以用红字记账的有(　　)。
   A. 在不设借贷等栏的多栏式账页中,登记减少数
   B. 在三栏式账户的余额栏前,如果未标明余额方向的,在余额栏内登记增加数
   C. 按照红字冲账的记账凭证,冲销错误记录
   D. 冲销账簿中多记录的金额
3. 下列情况中,可以使用红色墨水记账的有(　　)。
   A. 在不设借贷等栏的多栏式账页中,登记增加数
   B. 在不设借贷等栏的多栏式账页中,登记减少数
   C. 在三栏式账户的余额栏前,如未印明余额方向的,在余额内登记正数余额
   D. 在三栏式账户的余额栏前,如未印明余额方向的,在余额内登记负数余额
4. 可用于更正因记账凭证错误而导致账簿登记错误的方法有(　　)。
   A. 画线更正法　　B. 红字更正法　　C. 补充登记法　　D. 重做法
5. 企业收回货款 1 300 元并存入银行,会计在记账凭证中将金额填为 13 000 元并已登记入账,可采用的更正方法有(　　)。
   A. 以画线更正法更正
   B. 用红字借记"银行存款"账户 13 000 元,贷记"应收账款"13 000 元
   C. 用蓝字借记"银行存款"账户 1 300 元,贷记"应收账款"1 300 元
   D. 用红字借记"银行存款"账户 11 700 元,贷记"应收账款"11 700 元
6. 订本账一般适用于(　　)。
   A. 总分类账　　　　　　　　　　B. 库存现金日记账
   C. 银行存款日记账　　　　　　　D. 明细分类账

7. 下列凭证可以作为登记明细账依据的有（　　）。
   A. 记账凭证　　　B. 原始凭证　　　C. 汇总原始凭证　　　D. 汇总记账凭证

三、能力判断题

1. 库存现金日记账和银行存款日记账必须采用订本式账簿，也可用银行对账单或其他方法代替日记账。（　　）
2. 实行会计电算化的单位，用计算机打印的会计账簿必须连续编号，经审核无误后装订成册，并由记账人员和会计机构负责人、会计主管人员签字或者盖章。（　　）
3. 年度终了更换并启用新账后，对更换下来的旧账可直接销毁。（　　）
4. 实行会计电算化的单位，有关电子数据、会计软件资料等应当作为会计档案进行管理。（　　）

专业应用能力训练

1. 练习库存现金日记账、银行存款日记账的登记方法。

（1）2020 年 9 月初北京化工有限公司库存现金日记账借方本年累计发生额 235 000.00 元，贷方本年累计发生额 234 000.00 元，期初余额为 4 000.00 元。请根据凭证登记公司 9 月份库存现金日记账，并进行月结处理。

凭证-1

付 款 凭 证

贷方科目：银行存款　　　　2020 年 09 月 01 日　　　　银付字第 001 号

摘　要	借方科目		记账	金　额
	总账科目	明细科目		千 百 十 万 千 百 十 元 角 分
提现备用	库存现金		□	2 0 0 0 0 0
			□	
			□	
			□	
			□	
合　　计			□	￥2 0 0 0 0 0

附单据 1 张

会计主管：　　　记账：　　　出纳：　　　复核：王二　　　制单：崔亮

凭证-2

付 款 凭 证

贷方科目：库存现金　　　　　　2020 年 09 月 02 日　　　　　　现付字第 001 号

摘　要	借方科目		记账	金　额								
	总账科目	明细科目		千	百	十	万	千	百	十	元	角	分
出差采购材料借支	其他应收款	刘黎	☐					1	0	0	0	0	0
			☐										
			☐										
			☐										
			☐										
			☐										
合　　计			☐				￥	1	0	0	0	0	0

附单据 1 张

会计主管：　　记账：　　出纳：　　复核：王二　　制单：崔亮

凭证-3

付 款 凭 证

贷方科目：库存现金　　　　　　2020 年 09 月 02 日　　　　　　现付字第 002 号

摘　要	借方科目		记账	金　额								
	总账科目	明细科目		千	百	十	万	千	百	十	元	角	分
销售部门领备用金	其他应收款	销售科	☐					1	0	0	0	0	0
			☐										
			☐										
			☐										
			☐										
			☐										
合　　计			☐				￥	1	0	0	0	0	0

附单据 1 张

会计主管：　　记账：　　出纳：　　复核：王二　　制单：崔亮

凭证-4

收款凭证

借方科目：库存现金　　　　　　2020 年 09 月 02 日　　　　　　现收字第 001 号

摘要	贷方科目		记账	金额								
	总账科目	明细科目		千	百	十	万	千	百	十	元	角	分
出售废料收入	其他业务收入		□				1	0	0	0	0	0
	应交税费	应交增值税（销项税额）	□					1	3	0	0	0
			□									
			□									
			□									
			□									
合　　计			□			￥	1	1	3	0	0	0

附单据 2 张

会计主管：　　　记账：　　　出纳：　　　复核：王二　　　制单：崔亮

凭证-5

付款凭证

贷方科目：库存现金　　　　　　2020 年 09 月 02 日　　　　　　现付字第 003 号

摘要	借方科目		记账	金额								
	总账科目	明细科目		千	百	十	万	千	百	十	元	角	分
存入废料收入	银行存款		□				1	1	3	0	0	0
			□									
			□									
			□									
			□									
			□									
合　　计			□			￥	1	1	3	0	0	0

附单据 1 张

会计主管：　　　记账：　　　出纳：　　　复核：王二　　　制单：崔亮

凭证-6

付 款 凭 证

贷方科目：银行存款　　　　　　2020 年 09 月 03 日　　　　　　银付字第 002 号

摘　要	借方科目		记账	金　额								
	总账科目	明细科目		千	百	十	万	千	百	十	元	角	分
提现备发工资	库存现金		□			1	1	2	0	0	0	0	0
			□										
			□										
			□										
			□										
			□										
合　计			□		¥	1	1	2	0	0	0	0	0

附单据 1 张

会计主管：　　　记账：　　　出纳：　　　复核：王二　　　制单：崔亮

凭证-7

付 款 凭 证

贷方科目：库存现金　　　　　　2020 年 09 月 07 日　　　　　　现付字第 004 号

摘　要	借方科目		记账	金　额								
	总账科目	明细科目		千	百	十	万	千	百	十	元	角	分
支付销售运费	销售费用		□						1	8	3	4	9
	应交税费	应交增值税（进项税项）	□							1	6	5	1
			□										
			□										
			□										
合　计			□						¥	2	0	0	0	0

附单据 1 张

会计主管：　　　记账：　　　出纳：　　　复核：王二　　　制单：崔亮

凭证-8

付 款 凭 证

贷方科目：库存现金　　　　　2020 年 09 月 08 日　　　　　现付字第 005 号

摘 要	借方科目		记账	金 额								
	总账科目	明细科目		千	百	十	万	千	百	十	元	角	分
发放工资	应付职工薪酬	工资	☐			1	1	2	0	0	0	0	0
			☐										
			☐										
			☐										
			☐										
合　　计			☐	¥		1	1	2	0	0	0	0	0

附单据 1 张

会计主管：　　记账：　　出纳：　　复核：王二　　制单：崔亮

凭证-9

付 款 凭 证

贷方科目：库存现金　　　　　2020 年 09 月 13 日　　　　　现付字第 006 号

摘 要	借方科目		记账	金 额								
	总账科目	明细科目		千	百	十	万	千	百	十	元	角	分
招待客户费用	管理费用	业务招待费	☐						4	0	0	0	0
			☐										
			☐										
			☐										
			☐										
合　　计			☐					¥	4	0	0	0	0

附单据 2 张

会计主管：　　记账：　　出纳：　　复核：王二　　制单：崔亮

凭证-10

付款凭证

贷方科目：银行存款　　　　　2020年09月14日　　　　　银付字第003号

摘要	借方科目		记账	金额								
	总账科目	明细科目		千	百	十	万	千	百	十	元	角	分
提现备用	库存现金		☐					1	5	0	0	0	0
			☐										
			☐										
			☐										
			☐										
			☐										
合计			☐				¥	1	5	0	0	0	0

附单据 1 张

会计主管：　　记账：　　出纳：　　复核：王二　　制单：崔亮

凭证-11

付款凭证

贷方科目：库存现金　　　　　2020年09月24日　　　　　现付字第007号

摘要	借方科目		记账	金额								
	总账科目	明细科目		千	百	十	万	千	百	十	元	角	分
支付职工困难补助	应付职工薪酬	职工福利费	☐						5	0	0	0	0
			☐										
			☐										
			☐										
			☐										
			☐										
合计			☐					¥	5	0	0	0	0

附单据 1 张

会计主管：　　记账：　　出纳：　　复核：王二　　制单：崔亮

凭证-12

付 款 凭 证

贷方科目：库存现金　　　　　　2020 年 09 月 25 日　　　　　现付字第 008 号

摘　要	借方科目		记账	金　额								
	总账科目	明细科目		千	百	十	万	千	百	十	元	角	分
支付车间维修费	制造费用		☐						4	5	0	0	0
			☐										
			☐										
			☐										
			☐										
合　计			☐					¥	4	5	0	0	0

附单据 1 张

会计主管：　　　记账：　　　出纳：　　　复核：王二　　　制单：崔亮

凭证-13

付 款 凭 证

贷方科目：库存现金　　　　　　2020 年 09 月 30 日　　　　　现付字第 009 号

摘　要	借方科目		记账	金　额								
	总账科目	明细科目		千	百	十	万	千	百	十	元	角	分
支付邮寄费	管理费用	其他	☐							3	0	0	0
			☐										
			☐										
			☐										
			☐										
合　计			☐						¥	3	0	0	0

附单据 1 张

会计主管：　　　记账：　　　出纳：　　　复核：王二　　　制单：崔亮

库存现金日记账

年		凭证		票据号数	摘要	借方 百十万千百十元角分	贷方 百十万千百十元角分	余额 百十万千百十元角分	核对
月	日	种类	号数						
									☐
									☐
									☐
									☐
									☐
									☐
									☐
									☐
									☐
									☐
									☐
									☐
									☐
									☐
									☐
									☐
									☐
									☐
									☐
									☐
									☐
									☐
									☐
									☐
									☐
									☐
									☐
									☐

(2) 2020年9月初北京化工有限公司银行存款日记账的借方本年累计发生额为330 000.00元,贷方本年累计发生额为280 000.00元,期初余额为140 000.00元。请根据凭证登记公司9月份的银行存款日记账,并进行月结处理。

凭证-1

付款凭证

贷方科目：银行存款　　　　2020 年 09 月 01 日　　　　银付字第 001 号

摘要	借方科目		记账	金额								
	总账科目	明细科目		千	百	十	万	千	百	十	元	角	分
提现备用	库存现金		☐				2	0	0	0	0	0
			☐									
			☐									
			☐									
			☐									
合　计			☐				￥2	0	0	0	0	0

附单据 1 张

会计主管：　　　记账：　　　出纳：　　　复核：王二　　　制单：崔亮

凭证-2

付款凭证

贷方科目：银行存款　　　　2020 年 09 月 01 日　　　　银付字第 002 号

摘要	借方科目		记账	金额								
	总账科目	明细科目		千	百	十	万	千	百	十	元	角	分
支付购货款	原材料	乙烯	☐			1	0	0	0	0	0	0
	应交税费	应交增值税（进项税额）	☐				1	3	0	0	0	0
			☐									
			☐									
			☐									
合　计			☐			￥1	1	3	0	0	0	0

附单据 2 张

会计主管：　　　记账：　　　出纳：　　　复核：王二　　　制单：崔亮

凭证-3

付 款 凭 证

贷方科目：银行存款　　　　　2020年09月01日　　　　　银付字第003号

摘　要	借方科目		记账	金　额									
	总账科目	明细科目		千	百	十	万	千	百	十	元	角	分
支付购货款	原材料	甲苯	☐			2	0	0	0	0	0	0	0
	应交税费	应交增值税（进项税额）	☐					2	6	0	0	0	0
			☐										
			☐										
			☐										
			☐										
合　　计			☐		￥	2	2	6	0	0	0	0	0

附单据 2 张

会计主管：　　　记账：　　　出纳：　　　复核：王二　　　制单：崔亮

凭证-4

付 款 凭 证

贷方科目：银行存款　　　　　2020年09月02日　　　　　银付字第004号

摘　要	借方科目		记账	金　额									
	总账科目	明细科目		千	百	十	万	千	百	十	元	角	分
预付货款	预付货款	大名公司	☐			1	0	0	0	0	0	0	0
			☐										
			☐										
			☐										
			☐										
			☐										
合　　计			☐		￥	1	0	0	0	0	0	0	0

附单据 1 张

会计主管：　　　记账：　　　出纳：　　　复核：王二　　　制单：崔亮

凭证-5

收 款 凭 证

借方科目：银行存款　　　　　2020年09月02日　　　　　银收字第001号

摘要	贷方科目		记账	金额								
	总账科目	明细科目		千	百	十	万	千	百	十	元	角	分
出售材料收入	其他业务收入		☐				3	0	0	0	0	0	0
	应交税费	应交增值税（销项税额）	☐					3	9	0	0	0	0
			☐										
			☐										
			☐										
			☐										
合　　计			☐			¥	3	3	9	0	0	0	0

附单据 2 张

会计主管：　　记账：　　出纳：　　复核：王二　　制单：崔亮

凭证-6

付 款 凭 证

贷方科目：银行存款　　　　　2020年09月03日　　　　　银付字第005号

摘要	借方科目		记账	金额								
	总账科目	明细科目		千	百	十	万	千	百	十	元	角	分
提现备发工资	库存现金		☐			1	1	2	0	0	0	0	0
			☐										
			☐										
			☐										
			☐										
			☐										
合　　计			☐		¥	1	1	2	0	0	0	0	0

附单据 1 张

会计主管：　　记账：　　出纳：　　复核：王二　　制单：崔亮

凭证-7

付 款 凭 证

贷方科目：银行存款　　　　　　2020 年 09 月 07 日　　　　　　银付字第 006 号

摘　要	借方科目		记账	金　额								
	总账科目	明细科目		千	百	十	万	千	百	十	元	角	分
支付销售运费	销售费用	运输费	□					1	8	3	4	8	6
	应交税费	应交增值税（进项税额）	□						1	6	5	1	4
			□										
			□										
			□										
			□										
合　　计			□				¥	2	0	0	0	0	0

附单据 2 张

会计主管：　　　记账：　　　出纳：　　　复核：王二　　　制单：崔亮

凭证-8

付 款 凭 证

贷方科目：银行存款　　　　　　2020 年 09 月 08 日　　　　　　银付字第 007 号

摘　要	借方科目		记账	金　额								
	总账科目	明细科目		千	百	十	万	千	百	十	元	角	分
购买电脑	固定资产	电脑	□					4	5	0	0	0	0
			□										
			□										
			□										
			□										
			□										
合　　计			□				¥	4	5	0	0	0	0

附单据 2 张

会计主管：　　　记账：　　　出纳：　　　复核：王二　　　制单：崔亮

凭证-9

收 款 凭 证

借方科目：银行存款　　　　2020 年 09 月 13 日　　　　银收字第 002 号

摘　要	贷方科目		记账	金　额								
	总账科目	明细科目		千	百	十	万	千	百	十	元	角	分
销售二丙烯基醚商品	主营业务收入		☐				2	0	0	0	0	0	0
	应交税费	应交增值税(销项税额)	☐					2	6	0	0	0	0
			☐										
			☐										
			☐										
合　　计			☐			￥	2	2	6	0	0	0	0

附单据 3 张

会计主管：　　记账：　　出纳：　　复核：王二　　制单：崔亮

凭证-10

收 款 凭 证

借方科目：银行存款　　　　2020 年 09 月 23 日　　　　银收字第 003 号

摘　要	贷方科目		记账	金　额								
	总账科目	明细科目		千	百	十	万	千	百	十	元	角	分
销售甘油丙烯醚商品	主营业务收入		☐				3	0	0	0	0	0	0
	应交税费	应交增值税(销项税额)	☐					3	9	0	0	0	0
			☐										
			☐										
			☐										
合　　计			☐			￥	3	3	9	0	0	0	0

附单据 3 张

会计主管：　　记账：　　出纳：　　复核：王二　　制单：崔亮

凭证-11

收 款 凭 证

借方科目：银行存款　　　2020 年 09 月 24 日　　　银收字第 004 号

摘　要	贷方科目		记账	金　额									
	总账科目	明细科目		千	百	十	万	千	百	十	元	角	分
销售甘油丙烯醚商品	主营业务收入		☐				4	0	0	0	0	0	0
	应交税费	应交增值税(销项税额)	☐					5	2	0	0	0	0
			☐										
			☐										
			☐										
合　　计			☐		¥	4	5	2	0	0	0	0	

附单据 3 张

会计主管：　　　记账：　　　出纳：　　　复核：王二　　　制单：崔亮

凭证-12

付 款 凭 证

贷方科目：银行存款　　　2020 年 09 月 25 日　　　银付字第 008 号

摘　要	借方科目		记账	金　额									
	总账科目	明细科目		千	百	十	万	千	百	十	元	角	分
支付税款	应交税费	应交所得税	☐				1	2	0	0	0	0	0
			☐										
			☐										
			☐										
			☐										
合　　计			☐		¥	1	2	0	0	0	0	0	

附单据 1 张

会计主管：　　　记账：　　　出纳：　　　复核：王二　　　制单：崔亮

银行存款日记账

第　页

开户行：
账　号：

年		凭证		摘要	借方 亿千百十万千百十元角分	贷方 亿千百十万千百十元角分	余额 亿千百十万千百十元角分	核对
月	日	种类	号数					
								☐
								☐
								☐
								☐
								☐
								☐
								☐
								☐
								☐
								☐
								☐
								☐
								☐
								☐
								☐
								☐
								☐
								☐
								☐
								☐
								☐
								☐
								☐
								☐
								☐
								☐
								☐
								☐

2. 根据科目汇总表登记总账。

科 目 汇 总 表

2020年04月01日至04月30日

编号：04　附件共 10 张
第 001 号至 010 号共 10 张
第　　号至　　号共　　张
第　　号至　　号共　　张

总页	会计科目	借方金额 (十亿千百十万千百十元角分)	贷方金额 (十亿千百十万千百十元角分)
	库存现金		1 0 0 0 0 0 0 0
	银行存款	1 6 0 0 0 0 0 0	1 5 0 0 0 0 0 0
	应收账款		1 0 0 0 0 0 0 0
	库存商品	1 0 0 0 0 0 0 0	
	短期借款	1 0 0 0 0 0 0 0	5 0 0 0 0 0 0
	应付账款	5 0 0 0 0 0 0	1 0 0 0 0 0 0 0
	合　计	￥4 1 0 0 0 0 0 0	￥4 1 0 0 0 0 0 0

财会主管 林玲　　记账 张翔　　复核 马明　　制表 黄峰峰

(1) 2020年4月30日,记账员张翔根据资料登记银行存款总账。

分页:2   总页:50

总 分 类 账

科目:银行存款

2020年		凭证		摘要	借方 亿千百十万千百十元角分	贷方 亿千百十万千百十元角分	借或贷	余额 亿千百十万千百十元角分	√
月	日	字	号						
01	01			上年结转			借	1 3 9 0 0 0 0 0	□
01	31	科汇	01	1月份科目汇总表	1 4 0 0 0 0 0 0	1 3 5 0 0 0 0 0	借	1 4 4 0 0 0 0 0	□
02	28	科汇	02	2月份科目汇总表	1 3 0 0 0 0 0 0	1 3 0 0 0 0 0 0	借	1 4 4 0 0 0 0 0	□
03	31	科汇	03	3月份科目汇总表	1 3 0 0 0 0 0 0	1 2 5 0 0 0 0 0	借	1 4 9 0 0 0 0 0	□
									□
									□
									□
									□
									□
									□
									□
									□
									□
									□

(2) 2020 年 4 月 30 日，记账员张翔根据资料登记应收账款总账。

分页：6　总页：50

总 分 类 账

科目：应收账款

2020年		凭证		摘要	借方										贷方										借或贷	余额										✓
月	日	字	号		亿	千	百	十	万	千	百	十	元	角	分	亿	千	百	十	万	千	百	十	元	角	分		亿	千	百	十	万	千	百	十	元	角	分	
01	01			上年结转																							借				1	5	0	0	0	0	0	0	□
01	31	科汇	01	1月份科目汇总表				3	5	0	0	0	0	0	0					4	5	0	0	0	0	0	借					5	0	0	0	0	0	0	□
02	28	科汇	02	2月份科目汇总表				4	0	0	0	0	0	0	0					2	0	0	0	0	0	0	借				2	5	0	0	0	0	0	0	□
03	31	科汇	03	3月份科目汇总表				2	5	0	0	0	0	0	0					2	5	0	0	0	0	0	借				2	5	0	0	0	0	0	0	□
																																						□
																																						□
																																						□
																																						□
																																						□
																																						□
																																						□
																																						□
																																						□

(3) 2020年4月30日,记账员张翔翔根据背景资料登记短期借款总账。

分页: 17　总页: 50

总 分 类 账

科目：短期借款

2020年		凭证		摘要	借方 亿千百十万千百十元角分	贷方 亿千百十万千百十元角分	借或贷	余额 亿千百十万千百十元角分	√
月	日	字	号						
01	01			上年结转			贷	7 9 5 0 0 0 0 0	
01	31	科汇	01	1月份科目汇总表	1 0 0 0 0 0 0 0	5 0 0 0 0 0 0	贷	7 4 5 0 0 0 0 0	
02	28	科汇	02	2月份科目汇总表	1 0 0 0 0 0 0 0	1 5 0 0 0 0 0 0	贷	7 9 5 0 0 0 0 0	

(4) 2020 年 4 月 30 日，记账员张翔根据背景资料登记应付账款总账。

分页：22　总页：50

总 分 类 账

科目：应付账款

2020年		凭证		摘要	借方 亿千百十万千百十元角分	贷方 亿千百十万千百十元角分	借或贷	余额 亿千百十万千百十元角分	√
月	日	字	号						
01	01			上年结转			贷	1 7 5 0 0 0 0 0	□
01	31	科汇	01	1月份科目汇总表	1 5 0 0 0 0 0 0	2 0 0 0 0 0 0 0	贷	2 2 5 0 0 0 0 0	□
02	28	科汇	02	2月份科目汇总表	1 8 0 0 0 0 0 0	1 6 0 0 0 0 0 0	贷	2 0 5 0 0 0 0 0	□
03	31	科汇	03	3月份科目汇总表	1 7 0 0 0 0 0 0	9 0 0 0 0 0 0	贷	1 2 5 0 0 0 0 0	□
									□
									□
									□
									□
									□
									□
									□
									□
									□

3. 根据记账凭证按顺序逐笔登记总账,并进行结账处理。

凭证-1

记 账 凭 证

2020 年 12 月 02 日　　　　　　　　　记　字号 001 号

摘要	总账科目	明细科目	借方金额 亿千百十万千百十元角分	贷方金额 亿千百十万千百十元角分	√
提现备用	库存现金		1 0 0 0 0 0		□
	银行存款			1 0 0 0 0 0	□
					□
					□
					□
合　　计			¥1 0 0 0 0 0	¥1 0 0 0 0 0	□

附单据 1 张

会计主管：　　记账：　　出纳 马峰　　复核 王二　　制单 陈光

凭证-2

记 账 凭 证

2020 年 12 月 10 日　　　　　　　　　记　字号 002 号

摘要	总账科目	明细科目	借方金额 亿千百十万千百十元角分	贷方金额 亿千百十万千百十元角分	√
提现备发工资	库存现金		1 5 0 0 0 0 0		□
	银行存款			1 5 0 0 0 0 0	□
					□
					□
					□
合　　计			¥1 5 0 0 0 0 0	¥1 5 0 0 0 0 0	□

附单据 1 张

会计主管：　　记账：　　出纳 马峰　　复核 王二　　制单 陈光

凭证-3

记 账 凭 证
2020 年 12 月 10 日　　　　记　字号 003 号

摘要	总账科目	明细科目	借方金额	贷方金额	✓
发放工资	应付职工薪酬	工资	1500000		
	库存现金			1500000	
合　　计			¥1500000	¥1500000	

会计主管：　　记账：　　出纳：马峰　　复核：王二　　制单：陈光

附单据 1 张

凭证-4

记 账 凭 证
2020 年 12 月 15 日　　　　记　字号 004 号

摘要	总账科目	明细科目	借方金额	贷方金额	✓
销售商品	银行存款		4680000		
	主营业务收入			4000000	
	应交税费	应交增值税(销项税额)		680000	
合　　计			¥4680000	¥4680000	

会计主管：　　记账：　　出纳：马峰　　复核：王二　　制单：陈光

附单据 1 张

凭证-5

记 账 凭 证
2020 年 12 月 30 日

记 字号 005 号

摘要	总账科目	明细科目	借方金额 亿千百十万千百十元角分	贷方金额 亿千百十万千百十元角分	✓
支付水电费	管理费用	水电费	1 0 0 0 0 0		□
	银行存款			1 0 0 0 0 0	□
					□
					□
					□
合　　　　计			¥1 0 0 0 0 0	¥1 0 0 0 0 0	□

附单据 1 张

会计主管：　　记账：　　出纳：马峰　　复核：王二　　制单：陈光

凭证-6

记 账 凭 证
2020 年 12 月 31 日

记 字号 006 号

摘要	总账科目	明细科目	借方金额 亿千百十万千百十元角分	贷方金额 亿千百十万千百十元角分	✓
结转销售成本	主营业务成本		1 0 0 0 0 0 0		□
	库存商品	计数器		1 0 0 0 0 0 0	□
					□
					□
					□
合　　　　计			¥1 0 0 0 0 0 0	¥1 0 0 0 0 0 0	□

附单据 1 张

会计主管：　　记账：　　出纳：马峰　　复核：王二　　制单：陈光

凭证-7

记 账 凭 证
2020 年 12 月 31 日

记 字号 007 号

摘要	总账科目	明细科目	借方金额 亿千百十万千百十元角分	贷方金额 亿千百十万千百十元角分	✓
计提所得税	所得税费用		1 0 0 0 0 0 0		□
	应交税费	应交所得税		1 0 0 0 0 0 0	□
					□
					□
					□
合　　　　计			¥1 0 0 0 0 0 0	¥1 0 0 0 0 0 0	□

附单据 1 张

会计主管：　　记账：　　出纳：马峰　　复核：王二　　制单：陈光

凭证-8

记 账 凭 证
2020 年 12 月 31 日   记 字号 008 号

摘 要	总账科目	明细科目	借方金额 亿千百十万千百十元角分	贷方金额 亿千百十万千百十元角分	✓
结转收入	主营业务收入		4 0 0 0 0 0 0		□
	本年利润			4 0 0 0 0 0 0	□
					□
					□
					□
合	计		¥4 0 0 0 0 0 0	¥4 0 0 0 0 0 0	□

附单据 0 张

会计主管：　　记账：　　出纳：马 峰　　复核：王 二　　制单：陈 光

凭证-9

记 账 凭 证
2020 年 12 月 31 日   记 字号 009 号

摘 要	总账科目	明细科目	借方金额 亿千百十万千百十元角分	贷方金额 亿千百十万千百十元角分	✓
结转成本费用	本年利润		2 1 0 0 0 0 0		□
	管理费用			1 0 0 0 0 0	□
	主营业务成本			1 0 0 0 0 0 0	□
	所得税费用			1 0 0 0 0 0 0	□
					□
合	计		¥2 1 0 0 0 0 0	¥2 1 0 0 0 0 0	□

附单据 0 张

会计主管：　　记账：　　出纳：马 峰　　复核：王 二　　制单：陈 光

凭证-10

记 账 凭 证
2020 年 12 月 31 日   记 字号 010 号

摘 要	总账科目	明细科目	借方金额 亿千百十万千百十元角分	贷方金额 亿千百十万千百十元角分	✓
结转本年利润	本年利润		1 9 0 0 0 0 0		□
	利润分配	未分配利润		1 9 0 0 0 0 0	□
					□
					□
					□
合	计		¥1 9 0 0 0 0 0	¥1 9 0 0 0 0 0	□

附单据 0 张

会计主管：　　记账：　　出纳：马 峰　　复核：王 二　　制单：陈 光

(1) 登记应付职工薪酬总账并进行结账。(已知 12 月期初借方累计发生额 150 000.00 元,贷方累计发生额 165 000.00 元,余额为贷方 15 000.00 元。)

分页:　　　总页:

总 分 类 账

科目:＿＿＿＿＿＿＿＿

年		凭证		摘　要	借　方	贷　方	借或贷	余　额	√
月	日	字	号		亿千百十万千百十元角分	亿千百十万千百十元角分		亿千百十万千百十元角分	
									□
									□
									□
									□
									□
									□
									□
									□
									□
									□
									□
									□
									□
									□
									□

(2) 登记库存商品总账并进行结账。(已知12月期初借方累计发生额470 000.00元,贷方累计发生额370 000.00元,余额为借方100 000.00元。)

分页:　　总页:

总 分 类 账

科目:

年		凭证		摘要	借方	贷方	借或贷	余额	√
月	日	字	号		亿千百十万千百十元角分	亿千百十万千百十元角分		亿千百十万千百十元角分	
									□
									□
									□
									□
									□
									□
									□
									□
									□
									□
									□
									□
									□
									□
									□

(3) 登记主营业务成本总账并进行结账。(已知 12 月期初借方累计发生额 110 000.00 元,贷方累计发生额 110 000.00 元,期初余额为 0 元。)

分页:　　　总页:

总 分 类 账

科目:_____

年		凭证		摘要	借方	贷方	借或贷	余额	√
月	日	字	号		亿千百十万千百十元角分	亿千百十万千百十元角分		亿千百十万千百十元角分	□
									□
									□
									□
									□
									□
									□
									□
									□
									□
									□
									□
									□
									□
									□

(4) 登记利润分配总账并进行结账处理。(已知 12 月期初贷方累计发生额 20 000.00 元,12 月期初余额为贷方 20 000.00 元。)

分页: 总页:

总 分 类 账

科目:

年		凭证		摘要	借方										贷方										借或贷	余额										√
月	日	字	号		亿	千	百	十	万	千	百	十	元	角	分	亿	千	百	十	万	千	百	十	元	角	分		亿	千	百	十	万	千	百	十	元	角	分	

4. 会计账簿有三种分类方式，请依据自己的理解分析三种分类方式之间的关系，并对下题画线连接。

按用途分类	按账页格式分类	按外形特征分类
序时账簿	两栏式	订本式
分类账簿	三栏式	活页式
备查账簿	多栏式	卡片式
	数量金额式	

你的补充说明：_____

5. 练习更正错账的基本方法。

假定下述资料中所给出的经济业务已经全部入账，请根据资料分析错账原因，同时确定更正方法，并对错账进行更正。

（1）收到投资者投入的货币资金 200 000 元，已存入银行。收款凭证上编制的会计分录为：

　　借：银行存款　　　　　　　　　　　　　　　　　　　20 000
　　　　贷：实收资本　　　　　　　　　　　　　　　　　　　　20 000
　　错误原因：
　　更正方法：
　　更正步骤：

（2）用银行存款 40 000 元购入不需要安装的设备 1 台。付款凭证上编制的会计分录为：
　　借：固定资产　　　　　　　　　　　　　　　　　　　400 000
　　　　贷：银行存款　　　　　　　　　　　　　　　　　　　　400 000
　　错误原因：
　　更正方法：
　　更正步骤：

（3）用银行存款 35 000 元偿还应付账款。付款凭证上编制的会计分录为：
　　借：应收账款　　　　　　　　　　　　　　　　　　　35 000
　　　　贷：银行存款　　　　　　　　　　　　　　　　　　　　35 000
　　错误原因：
　　更正方法：
　　更正步骤：

(4) 生产产品领用材料一批,价值 12 000 元。转账凭证上编制的会计分录为:

借：生产成本　　　　　　　　　　　　　　　　　　　　　　　12 000
　贷：原材料　　　　　　　　　　　　　　　　　　　　　　　　12 000

在账簿中登记该项经济业务时,"生产成本"账户的借方登记为 1 200 元。

错误原因：

更正方法：

更正步骤：

6. 请上网查询企业会计档案的保管年限并填写下表。

企业会计档案的保管年限

序号	档案名称	保管年限
一	会计凭证	
1	原始凭证	
2	记账凭证	
二	会计账簿	
3	总账	
4	明细账	
5	日记账	
6	固定资产卡片	
7	其他辅助性账簿	
三	财务会计报告	
8	月度、季度、半年度财务会计报告	
9	年度财务会计报告	
四	其他会计资料	
10	银行存款余额调节表	
11	银行对账单	
12	纳税申报表	
13	会计档案移交清册	
14	会计档案保管清册	
15	会计档案销毁清册	
16	会计档案鉴定意见书	

项目八

实施财产清查

知识认知能力训练

1. 财产清查是指通过对_____,确定其_____,查明_____的一种专门方法。

2. 按_____分为_____和局部清查。

3. 定期清查,是指根据_____。不定期清查,是指根据需要所进行的_____清查。

4. 财产清查的范围包括本单位全部资产和权益,具体有:

(1)_____的清查,主要包括对_____和_____的清查。

(2)各种_____的清查,主要包括对_____、_____、燃料、包装物、低值易耗品、在产品、自制半成品、外购商品等的清查。

(3)_____的清查,主要包括对_____、_____、_____等的清查。

(4)各种往来款项的清查,包括_____、_____、_____、_____等。

5. 企业财产物资的数量要靠盘存来确定,常用的盘存方法有_____和_____两种。

6. 实地盘存制也称"定期盘存制",是对各项财产物资平时在账簿中只登记_____,不登记_____,月末根据_____来倒推当月财产物资的减少数,再据以登记有关账簿的一种方法,即本期发出数量 = 账面期初结存数量 + _____ - _____。

7. 永续盘存制又称"_____",是对各项财产物资的增加或_____,都必须根据_____逐笔或逐日在有关账簿中进行连续登记,并随时结算出该项物资的_____的一种方法,即账面期末数量 = _____ + _____ - _____。

8. 库存现金的清查,应采用_____的方法。银行存款的清查,应采用_____

的方法。

9. 未达账项是指_____与_____之间对于同一项业务,由于_____的时间不同,而发生的一方已取得凭证并登记入账,但另一方由于尚未取得凭证而尚未入账的款项。

10. 银行存款余额调节表是为了核对_____而编制,列示双方_____的一种表格。银行存款余额调节表_____原始凭证。

11. 实地盘点法是指在财产物资存放现场逐一_____或用_____确定其_____的方法。

12. 往来款项是指本单位与其他单位或个人之间的各种_____、_____、_____、_____及其他应收、应付款项。往来款项的清查一般采取_____的方法进行核对,即派人或以通信的方式,向往来结算单位核实账目。

13. 财产清查后,如果实存数与账存数不一致,会出现两种情况:实存数大于账存数,称为_____;实存数小于账存数,称为_____。当实存数与账存数一致,但实存的财产物资有质量问题时,不能按正常的财产物资使用,称为_____。

基础能力训练

一、单项选择题

1. 财产清查是用来检查(　　)的一种专门方法。
   A. 账实是否相符　　　　　　　　B. 账账是否相符
   C. 账表是否相符　　　　　　　　D. 账证是否相符

2. 一般来说,在企业撤销、合并和改变隶属关系时,应对财产进行(　　)。
   A. 全面清查　　　　　　　　　　B. 局部清查
   C. 实地盘点　　　　　　　　　　D. 定期清查

3. 某企业在遭受洪灾后,对其受损的财产物资进行的清查属于(　　)。
   A. 局部清查和定期清查　　　　　B. 全面清查和定期清查
   C. 局部清查和不定期清查　　　　D. 全面清查和不定期清查

4. 现金出纳人员发生变动时,应对其保管的库存现金进行清查,这种财产清查属于(　　)。
   A. 全面清查和定期清查　　　　　B. 局部清查和不定期清查
   C. 全面清查和不定期清查　　　　D. 局部清查和定期清查

5. 单位主要领导调离工作前进行的财产清查属于(　　)。
   A. 重点清查　　B. 全面清查　　C. 局部清查　　D. 定期清查

6. 下列情况中,应进行局部清查的是( )。
   A. 年终结算前　　　　　　　　　　B. 单位撤销、合并
   C. 单位改制　　　　　　　　　　　D. 更换实物保管员
7. 下列各项中,属于实物资产清查范围的是( )。
   A. 应付账款　　B. 存货　　C. 银行存款　　D. 应收账款
8. 企业通过实地盘点法先确定期末存货的数量,然后倒推出本期发出存货的数量,这种处理制度称为( )。
   A. 权责发生制　　B. 收付实现制　　C. 账面盘存制　　D. 实地盘存制
9. 下列各项中,( )清查时采用实地盘点法。
   A. 应收账款　　B. 应付账款　　C. 银行存款　　D. 机器设备
10. 对各项财产物资的增减数都须根据有关凭证逐笔或逐日登记有关账簿并随时结出账面余额的方法称为( )。
    A. 永续盘存制　　B. 实地盘存制　　C. 权责发生制　　D. 收付实现制
11. 现金出纳每天工作结束前都要将库存现金日记账结清并与库存现金实存数核对,这属于( )。
    A. 账账核对　　B. 账证核对　　C. 账实核对　　D. 账表核对
12. 库存现金清查盘点时,( )必须在场。
    A. 记账人员　　B. 出纳人员　　C. 单位领导　　D. 会计主管
13. 下列各项中,会使银行存款日记账与银行对账单两者余额不一致的是( )。
    A. 未达账项
    B. 银行对账单记账有误
    C. 单位银行存款日记账记账有误
    D. 以上三项都有可能
14. 月末企业银行存款日记账余额为 180 000 元,银行对账单余额为 170 000 元,经过未达账项调节后的余额为 160 000 元,则对账日企业可以动用的银行存款实有数额为( )元。
    A. 180 000　　B. 160 000　　C. 170 000　　D. 不能确定
15. 在企业与银行双方记账无误的情况下,银行存款日记账与银行对账单余额不一致是由于有( )存在。
    A. 应收账款　　　　　　　　　　B. 应付账款
    C. 未达账项　　　　　　　　　　D. 其他货币资金
16. 银行存款余额调节表的编制中调节后的余额是( )。
    A. 银行存款账面余额
    B. 对账单余额与日记账余额的平均数
    C. 对账日企业可以动用的银行存款实有数额
    D. 银行方面的账面余额

17. 下列各项中,清查时应采用实地盘点法的是( )。
    A. 应收账款   B. 应付账款   C. 银行存款   D. 固定资产
18. 对实物资产进行清查盘点时,( )必须在场。
    A. 实物保管员   B. 记账人员   C. 会计主管   D. 单位领导
19. 下列各项中,采用与对方核对账目的方法清算的是( )。
    A. 固定资产   B. 存货   C. 库存现金   D. 往来款项
20. "待处理财产损溢"账户的贷方余额表示( )。
    A. 发生的待处理财产盘亏、毁损数
    B. 转销已批准处理的财产盘盈数
    C. 尚待批准处理的财产盘盈数大于尚待批准处理的财产盘亏和毁损数的差额
    D. 尚待批准处理的财产盘盈数小于尚待批准处理的财产盘亏和毁损数的差额
21. 库存现金清查中,对无法查明原因的长款,经批准应计入( )。
    A. 其他应收款   B. 其他应付款   C. 营业外收入   D. 管理费用
22. 某企业仓库本期期末盘亏原材料原因已经查明,属于自然损耗,经批准后,会计人员应编制的分录为( )。
    A. 借:待处理财产损溢   B. 借:待处理财产损溢
         贷:原材料   贷:管理费用
    C. 借:管理费用   D. 借:营业外支出
         贷:待处理财产损溢   贷:待处理财产损溢
23. 盘盈的固定资产,一般应计入( )。
    A. 本年利润   B. 以前年度损益调整
    C. 营业外收入   D. 其他业务收入
24. 对盘亏的固定资产净损失经批准后可记入( )账户的借方。
    A. 银行存款总账   B. 生产成本
    C. 营业外支出   D. 管理费用

二、多项选择题

1. 下列情况中,可能造成账实不符的有( )。
    A. 财产收发计量或检验不准   B. 管理不善
    C. 未达账项   D. 账簿记录发生错误
2. 下列情况中,企业应对其财产进行全面清查的有( )。
    A. 年度决算前   B. 企业进行股份制改制前
    C. 更换仓库保管员   D. 企业破产

3. 由于仓库保管员变动对其保管的全部存货进行盘点属于( )。
   A. 定期清查　　　B. 不定期清查　　　C. 全面清查　　　D. 局部清查
4. 财产清查按清查的时间可分为( )。
   A. 定期清查　　　B. 不定期清查　　　C. 全面清查　　　D. 局部清查
5. 财产清查按清查的对象和范围可分为( )。
   A. 定期清查　　　B. 不定期清查　　　C. 全面清查　　　D. 局部清查
6. 按财产清查的范围和时间的不同,可将财产清查分为( )。
   A. 全面定期清查　　　　　　　B. 全面不定期清查
   C. 局部定期清查　　　　　　　D. 局部不定期清查
7. 单位年度决算时进行的清查属于( )。
   A. 全面清产　　　B. 局部清查　　　C. 定期清查　　　D. 不定期清查
8. 财产清查的范围包括本单位全部资产和权益,具体有( )。
   A. 货币资金的清查
   B. 各种存货的清查
   C. 固定资产的清查
   D. 应收、应付、预收、预付等各种往来款项的清查
9. 银行存款日记账余额与银行对账单余额不一致,原因可能是( )。
   A. 银行存款日记账有误　　　　B. 银行记账有误
   C. 存在未达账项　　　　　　　D. 存在未付款项
10. 使企业银行存款日记账的余额小于银行对账单余额的未达账项有( )。
    A. 企业已收款记账而银行尚未收款记账
    B. 企业已付款记账而银行尚未付款记账
    C. 银行已收款记账而企业尚未收款记账
    D. 银行已付款记账而企业尚未付款记账
11. 关于银行存款余额调节表,下列说法正确的是( )。
    A. 调节后的余额表示企业可以实际动用的银行存款数额
    B. 该表是通知银行更正错误的依据
    C. 该表不能够作为调整本单位银行存款日记账记录的原始凭证
    D. 该表是更正本单位银行存款日记账记录的依据
12. 下列资产中,可以采用实地盘点法进行清查的是( )。
    A. 库存现金　　　B. 原材料　　　C. 银行存款　　　D. 固定资产
13. 往来款项的清查步骤主要是( )。
    A. 将本单位的往来款项核对清楚,确认总分类账与明细分类账的余额相等
    B. 向对方单位填发对账单
    C. 收到对方单位的回单联后,应据以编制"往来款项清查表"

D. 在"往来款项清查表"上注明核对相符或不符的款项

14. 下列业务中,需要通过"待处理财产损溢"账户核算的是( )。
    A. 库存现金丢失　　　　　　　　B. 原材料盘亏
    C. 发现账外固定资产　　　　　　D. 应收账款无法收回

15. 库存现金盘亏的账务处理中,批准前后可能涉及的科目有( )。
    A. 库存现金　　B. 管理费用　　C. 其他应收款　　D. 营业外支出

16. 对于盘亏、毁损的存货,经批准后进行账务处理时,可能涉及的借方账户有( )。
    A. 其他应收款　　B. 营业外支出　　C. 管理费用　　D. 原材料

17. 固定资产盘亏的核算业务涉及的账户有( )。
    A. 营业外收入　　　　　　　　B. 待处理财产损溢
    C. 累计折旧　　　　　　　　　D. 其他应付款

三、能力判断题

1. 财产清查是指通过对货币资金、实物资产和往来款项的盘点或核对,确定其实存数,查明账存数与实存数是否相符的一种专门方法。　　　　　　　　( )

2. 财产清查的意义是确保会计资料真实可靠,保护财产物资的安全、完整,促进财产物资的有效使用。　　　　　　　　( )

3. 财产清查的范围包括货币资金、各种存货、固定资产和各种往来款项。　　( )

4. 库存现金的清查包括出纳人员每日的清点核对和清查小组定期和不定期的清查。　　　　　　　　( )

5. 库存现金和银行存款的清查均应采用实地盘点的方法进行。　　( )

6. 永续盘存制的账面期末数量＝账面期初结存数量＋本期账面增加合计数量－本期账面减少合计数量。　　　　　　　　( )

7. 如果银行对账单与企业银行存款账面余额不一致,说明至少其中一方记账有误。　　　　　　　　( )

8. 企业在银行的实存存款是银行存款日记账上实有的金额。　　( )

9. 银行存款日记账与银行对账单余额不一致主要是由记账错误和未达账项造成的。　　　　　　　　( )

10. 未达账项是指企业与银行由于记账的时间不一致而发生的一方已登记入账、另一方未能入账形成的事项。　　　　　　　　( )

11. 未达账项包括企业未收到凭证而未入账的款项和企业、银行都未收到凭证而未登记入账的款项。　　　　　　　　( )

12. 在记账无误的情况下,银行对账单与企业银行存款日记账账面余额不一致是由未

达账项造成的。（　　）

13. "银行存款余额调节表"编制完成后，可以作为调整企业银行存款余额的原始凭证。（　　）

14. "银行存款余额调节表"调节后的银行存款余额，就是企业可以动用的银行存款实有数，因此企业应根据"银行存款余额调节表"登记企业的银行存款日记账，调整企业的账面余额。（　　）

15. "银行存款余额调节表"只起对账的作用，不能作为登记账簿的依据，所有未达账项只能待收到银行转来的有关收付款结算凭证时方可登记入账。（　　）

16. 技术推算法适用于那些大量成堆、价廉笨重且不能逐项清点的物资，如露天堆放的煤、砂石等。（　　）

17. 对应收账款进行清查，主要是和债务单位进行对账，应采用函证法。（　　）

18. "待处理财产损溢"账户借方反映发生的待处理盘盈数额或转销已批准处理的财产物资盘亏和毁损数额，贷方反映发生的待处理财产盘亏数额或结转已批准处理的财产物资盘盈数额。（　　）

19. 无法查明原因的库存现金短缺应计入营业外支出。（　　）

20. 无法查明原因的库存现金盘盈应该冲减当期的管理费用。（　　）

21. 由于自然灾害原因造成的存货盘亏、损失经批准后应计入营业外支出。（　　）

22. 对自然灾害或意外事故造成的存货损失进行处理时，除去保险公司等赔偿和残值后，应计入营业外支出。（　　）

23. 存货发生盘亏时，应根据不同的原因做出不同的处理，若属于一般经营性损失或定额内损失，记入"管理费用"科目。（　　）

24. 固定资产盘盈，经批准后，应记入"营业外收入"账户。（　　）

提升能力训练

一、单项选择题

1. 下列情况中，宜采用局部清查的是（　　）。
   A. 年度决算前进行的清查
   B. 企业清产核算时进行的清查
   C. 企业更换财产保管人员时进行的清查
   D. 企业改组为股份制试点企业时进行的清查

2. 单位撤销、合并所进行的清查按时间分类属于（　　）。
   A. 全面清查　　　B. 局部清查　　　C. 定期清查　　　D. 不定期清查

3. 财产物资的经管人员发生变动时,应对其经管的那部分财产进行清查,这种清查属于( )。
   A. 局部清查和定期清查　　　　　　B. 局部清查和不定期清查
   C. 全面清查和定期清查　　　　　　D. 全面清查和不定期清查
4. 在实际工作中,企业一般以( )作为财产物资的盘存制度。
   A. 收付实现制　　　　　　　　　　B. 权责发生制
   C. 永续盘存制　　　　　　　　　　D. 实地盘存制
5. 采用永续盘存制,平时账簿记录中不能反映( )。
   A. 财产物资的增加数　　　　　　　B. 财产物资的减少数
   C. 财产物资的增加和减少数　　　　D. 财产物资的盘盈数
6. 库存现金清查的方法是( )。
   A. 核对账目法　　B. 实地盘点法　　C. 技术推算法　　D. 发函询证法
7. 对银行存款进行清查时,应将( )与银行对账单逐笔核对。
   A. 银行存款总账　　　　　　　　　B. 银行存款日记账
   C. 银行支票备查账　　　　　　　　D. 库存现金日记账
8. 银行存款清查中发现的未达账项应编制( )来检查调整后的余额是否相等。
   A. 对账单　　　　　　　　　　　　B. 实存账存对比表
   C. 盘存单　　　　　　　　　　　　D. 银行存款余额调节表
9. 银行存款日记账余额为56 000元,调整前银行已收、企业未收的款项为2 000元,企业已收、银行未收款项为1 200元,银行已付、企业未付款项为3 000元,则调整后存款余额为( )元。
   A. 56 200　　　　B. 55 000　　　　C. 58 000　　　　D. 51 200
10. 在记账正确无误的情况下,银行存款日记账与银行对账单二者余额不一致的原因是( )。
    A. 坏账损失　　　　　　　　　　　B. 记账方法不一致
    C. 记账依据不一致　　　　　　　　D. 未达账项
11. 对企业与其开户银行之间的未达账项,进行账务处理的时间是( )。
    A. 编好银行存款余额调节表时　　　B. 查明未达账项时
    C. 收到银行对账单时　　　　　　　D. 实际收到有关结算凭证时
12. 大量堆积的煤炭清查,一般采用( )方法进行清查。
    A. 实地盘点　　B. 抽查检验　　C. 技术推算盘点　　D. 查询核对
13. 在财产清查中,实物盘点的结果应如实登记在( )上。
    A. 盘存单　　　　　　　　　　　　B. 账存实存对比表
    C. 对账单　　　　　　　　　　　　D. 盘盈盘亏报告表

14. 对原材料、库存商品盘点后应编制(　　)。
    A. 实存账存对比表　　　　　　　　B. 盘存单
    C. 余额调节表　　　　　　　　　　D. 对账单

15. 下列项目清查时应采用实地盘点法的是(　　)。
    A. 应收账款　　B. 应付账款　　C. 银行存款　　D. 固定资产

16. 对财产清查结果进行正确的账务处理的主要目标是保证(　　)。
    A. 账表相符　　B. 账账相符　　C. 账实相符　　D. 账证相符

17. 下列记录可以作为调整账面数字的原始凭证的是(　　)。
    A. 盘存单　　　　　　　　　　　　B. 实存账存对比表
    C. 银行存款余额调节表　　　　　　D. 往来款项对账单

18. "待处理财产损溢"账户未转销的借方余额表示(　　)。
    A. 等待处理的财产盘盈
    B. 等待处理的财产盘亏
    C. 尚待批准处理的财产盘盈数大于尚待批准处理的财产盘亏和毁损数的差额
    D. 尚待批准处理的财产盘盈数小于尚待批准处理的财产盘亏和毁损数的差额

19. 财产清查中发现账外机器一台,其市场价格为80 000元,估计六成新,则该固定资产的入账价值为(　　)元。
    A. 80 000　　B. 48 000　　C. 32 000　　D. 128 000

20. 在财产清查中发现盘亏一台设备,其账面原值为80 000元,已计提折旧20 000元,则该企业计入"待处理财产损溢"账户的金额为(　　)元。
    A. 80 000　　B. 20 000　　C. 60 000　　D. 100 000

21. 某企业上期发生的原材料盘亏现查明原因,是由自然灾害造成的,经批准后,会计人员应编制的会计分录为(　　)。
    A. 借:待处理财产损溢
       贷:原材料
    B. 借:待处理财产损溢
       贷:管理费用
    C. 借:管理费用
       贷:待处理财产损溢
    D. 借:营业外支出
       贷:待处理财产损溢

22. 在财产清查中发现库存材料实存数小于账面数,其原因为自然损耗,经批准后,会计人员应列作(　　)处理。
    A. 增加营业外收入　　　　　　　　B. 增加管理费用
    C. 减少管理费用　　　　　　　　　D. 增加营业外支出

23. 库存现金盘点时发现短缺,则应借记的会计科目是(　　)。
    A. 库存现金　　　　　　　　　　　B. 其他应付款
    C. 待处理财产损溢　　　　　　　　D. 其他应收款

二、多项选择题

1. 下列记录可以作为调整账面数字的原始凭证的是(　　)。
   A. 盘存单　　　　　　　　　　　B. 盘盈盘亏报告表
   C. 银行存款余额调节表　　　　　D. 库存现金盘点报告表

2. 下列资产可以采用实地盘点法进行清查的是(　　)。
   A. 库存现金　　B. 原材料　　C. 银行存款　　D. 固定资产

3. 发生(　　)事项时需要对财产物资进行不定期的局部清查。
   A. 库存现金、财产物资保管人员更换　　B. 企业改变隶属关系
   C. 发生非常灾害造成财产物资损失　　　D. 企业进行清产核资

4. 下列情形中,应该对财产进行不定期清查的是(　　)。
   A. 发现库存现金被盗　　　　　　B. 与其他企业合并
   C. 年终决算前　　　　　　　　　D. 自然灾害造成部分财产损失

5. 企业实行租赁经营时,为核实自有资产、分清责任所进行的物资清查属于(　　)。
   A. 全面清查　　B. 局部清查　　C. 定期清查　　D. 不定期清查

6. 财产清查的作用包括(　　)。
   A. 保护各项财产的安全完整　　　B. 保证账簿记录的正确
   C. 挖掘财产物资的潜力,加速资金周转　　D. 保证会计资料的真实可靠

7. 财产物资的盘存制度有(　　)。
   A. 权责发生制　　B. 收付实现制　　C. 实地盘存制　　D. 永续盘存制

8. 使企业银行存款日记账的余额大于银行对账单余额的未达账项有(　　)。
   A. 企业已收款记账而银行尚未收款记账
   B. 企业已付款记账而银行尚未付款记账
   C. 银行已收款记账而企业尚未收款记账
   D. 银行已付款记账而企业尚未付款记账

9. 企业编制银行存款余额调节表,在调整银行存款日记账余额时,应考虑的情况有(　　)。
   A. 企业已收银行未收　　　　　　B. 银行已收企业未收
   C. 银行已付企业未付　　　　　　D. 企业已付银行未付

10. 采用技术推算法清查的实物资产应具备的特点有(　　)。
    A. 数量大　　　　　　　　　　　B. 逐一清点有困难
    C. 不便于用计量器具计量　　　　D. 价值低

11. 常用的实物资产的清查方法包括(　　)。
    A. 技术推算法　　B. 实地盘点法　　C. 函证核对法　　D. 账目核对法

12. 下列各项中,宜采用发函询证的方法清查的有(　　)。
　　A. 应收账款　　　B. 应付账款　　　C. 存货　　　D. 预付账款
13. 与"待处理财产损溢"账户借方发生对应关系的账户可能有(　　)。
　　A. 原材料　　　B. 固定资产　　　C. 应收账款　　　D. 营业外收入
14. "待处理财产损溢"账户借方登记的是(　　)。
　　A. 等待批准处理的财产盘亏、毁损　　　B. 经批准转销的财产盘亏、毁损
　　C. 等待批准处理的财产盘盈　　　D. 经批准转销的财产盘盈

专业应用能力训练

1. 编制银行存款余额调节表。

（1）请根据相关资料（银行对账单、银行存款日记账）编制银行存款余额调节表。（要求：按顺序填写。制表人：王海。凭证号填写标准：#0001 或银付01。）

交通银行对账单

账号：11000760904870809l012　　　单位名称：北京南方股份有限公司　　　币种：人民币

年份：2020

日期	摘要	凭证种类	凭证号码	借方发生额	贷方发生额	余额
0921	承前页					380 500.00
0922	付购货款	转支	#3603	80 500.00		300 000.00
0927	支付广告费	转支	#3605	40 000.00		260 000.00
0929	存款利息	特转	#1902		5 900.00	265 900.00
0929	收回货款	委托收款	#1004		20 000.00	285 900.00
0930	收回货款	委托收款	#1005		40 000.00	325 900.00
0930	贷款利息	特转	#1906	3 000.00		322 900.00

银行存款日记账

第 23 页

开户行：交通银行北京分行
账　号：110007609048708091012

2020年		凭证		摘要	借方 亿千百十万千百十元角分	贷方 亿千百十万千百十元角分	余额 亿千百十万千百十元角分	核对
月	日	种类	号数					
09	21			承前页	18860000	19787000	3805000	□
09	21	银付	20	购入材料		805000	3000000	□
09	26	银付	21	支付广告费		400000	2600000	□
09	28	银收	18	收到货款	200000		2800000	□
09	30	银付	22	购办公用品		10000	2790000	□
09	30	银收	19	收到货款	400000		3190000	□
09	30	银付	23	预付账款		500000	2690000	□
09	30	银收	20	收到货款	100000		2790000	□
09	30			本月合计	1950000	2315000	2790000	□
09	30			本年累计	19560000	21502000	2790000	□

银行存款余额调节表

开户银行：　　　　　账号：　　　　　　　　　　　　　　　　年　月　日止

摘要	凭证号	金额（亿千百十万千百十元角分）	摘要	凭证号	金额（亿千百十万千百十元角分）
银行存款日记账余额			银行对账单余额		
加：银行已收，企业未收			加：企业已收，银行未收		
1			1		
2			2		
3			3		
4			4		
5			5		
6			6		
7			7		
减：银行已付，企业未付			减：企业已付，银行未付		
1			1		
2			2		
3			3		
4			4		
5			5		
6			6		
7			7		
8			8		
9			9		
10			10		
11			11		
12			12		
调节后余额			调节后余额		

财会主管：　　　　　　　　　　　　　　　　　　　　　制表：

（2）请根据背景资料编制银行存款余额调节表。（开户银行：交通银行北京分行；账号：11000760904 8708091012。制表人：王海。）

[背景资料]　2020年9月30日北京南方股份有限公司银行存款日记账余额为70 500元，银行转来的对账单余额为127 500元，经过逐笔核对，发现以下未达账项：
1. 企业送存转账支票60 000元并已登记银行存款增加，但银行尚未记账。
2. 企业开出转账支票45 000元，但持票单位尚未到银行办理转账，银行尚未记账。
3. 企业委托银行代收某企业购货款75 000元，银行已收妥登记入账，但企业尚未收到收款通知。
4. 银行代企业支付养路费3 000元，银行已登记企业银行存款减少，但企业尚未收到银行付款通知，尚未记账。

银行存款余额调节表

开户银行：　　　　　　　账号：　　　　　　　　　　　　　　　年　月　日止

摘　要	凭证号	金　额 亿千百十万千百十元角分	摘　要	凭证号	金　额 亿千百十万千百十元角分
银行存款日记账余额			银行对账单余额		
加：银行已收，企业未收			加：企业已收，银行未收		
1			1		
2			2		
3			3		
4			4		
5			5		
6			6		
7			7		
减：银行已付，企业未付			减：企业已付，银行未付		
1			1		
2			2		
3			3		
4			4		
5			5		
6			6		
7			7		
8			8		
9			9		
10			10		
11			11		
12			12		
调节后余额			调节后余额		

财会主管：　　　　　　　　　　　　　　　　　　　　制表：

（3）请根据背景资料编制银行存款余额调节表。（制表人：崔亮。凭证号填写标准：#0001 或银付 01。）

[**背景资料**]　北京化工有限公司（开户行：交通银行北京分行；账号：0200001009012136441211）2020 年 9 月 30 日银行存款日记账的记录与开户行送来的对账单核对时，双方本月下旬的有关数字记录如下：（每旬核对一次）

1. 银行存款日记账账面记录：
(1) 21 日开出转账支票#1246，支付购货款 37 670.00 元；
(2) 23 日开出现金支票#621，提取现金 300.00 元；
(3) 25 日开出转账支票#1247，支付光明工厂账款 22 786.00 元；
(4) 26 日收到天宇工厂货款#620，货款 24 600.00 元；
(5) 29 日收到转账支票#7467，存入货款 10 800.00 元；
(6) 30 日开出转账支票#1248，支付材料运费 845.00 元；
(7) 30 日结存余额 117 830.00 元。

2. 银行对账单记录：
(1) 22 日收到天宇工厂货款#620，货款 24 600.00 元；
(2) 23 日付现金支票#621，计 300.00 元；
(3) 23 日付转账支票#1246，购料款 37 670.00 元；
(4) 25 日代交自来水公司水费#1255，水费 2 085.00 元；
(5) 28 日代收浙江东湖工厂货款#992，货款 33 600.00 元；
(6) 30 日付转账支票#1247，购料款 22 786.00 元；
(7) 30 日结存余额 139 390.00 元。

银行存款余额调节表

开户银行：　　　　　　　账号：　　　　　　　　　　　　　　　　　年　月　日止

摘　要	凭证号	金　额 亿千百十万千百十元角分	摘　要	凭证号	金　额 亿千百十万千百十元角分
银行存款日记账余额			银行对账单余额		
加：银行已收，企业未收			加：企业已收，银行未收		
1			1		
2			2		
3			3		
4			4		
5			5		
6			6		
7			7		
减：银行已付，企业未付			减：企业已付，银行未付		
1			1		
2			2		
3			3		
4			4		
5			5		
6			6		
7			7		
8			8		
9			9		
10			10		
11			11		
12			12		
调节后余额			调节后余额		

财会主管：　　　　　　　　　　　　　　　　　　　制表：

(4) 请根据背景资料编制银行存款余额调节表。（开户行：交通银行北京分行；账号：020000100901213644121。制表人：崔亮。）

[**背景资料**] 北京化工有限公司2020年9月30日银行存款日记账余额为20 800元,银行对账单余额为24 400元,经查对有下列未达账项:
1. 企业于月末存入银行的转账支票3 500元,银行尚未入账。
2. 企业于月末开出转账支票2 100元,银行尚未入账。
3. 委托银行代收的外埠货款6 800元,银行收到已经入账,企业未收到银行的收款通知,尚未入账。
4. 银行代付电费1 800元,企业尚未收到银行的付款通知,尚未入账。

银行存款余额调节表

开户银行：交通银行北京分行　　账号：02000010090121364 4121　　　　2020年9月30日止

摘要	凭证号	金额	摘要	凭证号	金额
银行存款日记账余额		20 800.00	银行对账单余额		24 400.00
加：银行已收,企业未收			加：企业已收,银行未收		
1 委托银行代收外埠货款		6 800.00	1 月末存入转账支票		3 500.00
减：银行已付,企业未付			减：企业已付,银行未付		
1 银行代付电费		1 800.00	1 月末开出转账支票		2 100.00
调节后余额		25 800.00	调节后余额		25 800.00

财会主管：　　　　　　　　　　　　　　　　制表：崔亮

(5) 请根据背景资料编制银行存款余额调节表。(开户行：交通银行北京分行；账号：02000010090121364 4121。制表人：崔亮。)

[背景资料] 北京化工有限公司2020年9月30日银行存款日记账余额为20 800元,银行对账单余额为15 600元,经查对有下列未达账项:
1. 企业于月末存入银行的转账支票4 500元,银行尚未入账。
2. 企业于月末开出转账支票1 100元,银行尚未入账。
3. 委托银行代收的外埠货款3 400元,银行收到已经入账,企业未收到银行的收款通知,尚未入账。
4. 银行代付电费5 200元,企业尚未收到银行的付款通知,尚未入账。

银行存款余额调节表

开户银行:　　　　　账号:　　　　　　　　　　年　月　日止

摘要	凭证号	金额	摘要	凭证号	金额
银行存款日记账余额			银行对账单余额		
加:银行已收,企业未收			加:企业已收,银行未收		
1			1		
2			2		
3			3		
4			4		
5			5		
6			6		
7			7		
减:银行已付,企业未付			减:企业已付,银行未付		
1			1		
2			2		
3			3		
4			4		
5			5		
6			6		
7			7		
8			8		
9			9		
10			10		
11			11		
12			12		
调节后余额			调节后余额		

财会主管:　　　　　　　　　　　　　　　　制表:

(6) 请根据相关资料(银行存款日记账、银行对账单)编制银行存款余额调节表。(要求:按顺序填写。制表人:崔亮。凭证号填写标准:#0001或银付01。)

银行存款日记账

第 23 页

开户行：交通银行北京分行
账　号：020000100901213644121

2020年 月	日	凭证 种类	号数	摘要	借方	贷方	余额	核对
09	21			承前页	1543000 00	1396060 00	3805000 0	□
09	21	银付	35	购入材料		48000 00	3325000 0	□
09	22	银付	36	偿付货款		36800 00	2957000 0	□
09	22	银付	37	提取现金		4000 00	2917000 0	□
09	23	银付	38	支付广告费		37200 00	2545000 0	□
09	23	银收	18	收到货款	283000 0		2828000 0	□
09	24	银付	39	支付保险费		400000 0	2428000 0	□
09	24	银付	40	代垫试杂费		6000 00	2368000 0	□
09	25	银付	41	预付差旅费		3500 00	2333000 0	□
09	25	银收	19	销售产品	189500 0		2522500 0	□
09	26	银付	42	购入设备		574000 0	1948500 0	□
09	26	银收	20	预收账款	953800 0		2902300 0	□
09	27	银付	43	购办公用品		6000 0	2896300 0	□
09	27	银付	44	支付养路费		3800 00	2858300 0	□
09	28	银付	45	预付账款		500000 0	2358300 0	□
09	29	银收	21	收到货款	173900 0		2532200 0	□
09	30	银付	46	预付差旅费		27800 0	2504400 0	□
09	30			本月合计	3816200 0	3900800 0	2504400 0	□
09	30			转下页	17030200 0	16861400 0	2504400 0	□

银行存款日记账

第 24 页

开户行：交通银行北京分行
账　号：020000100901213644121

2020年		凭证		摘要	借方	贷方	余额	核对
月	日	种类	号数		亿千百十万千百十元角分	亿千百十万千百十元角分	亿千百十万千百十元角分	
9	30			承前页	170302000	168614000	2504400 0	□
9	30			本年累计	170302000	168614000	2504400 0	□
								□
								□
								□
								□
								□
								□

交通银行对账单

页码：02

账号：020000100901213644121　　单位名称：北京化工有限公司　　币种：人民币

年份：2020

日期	摘要	凭证种类	凭证号码	借方发生额	贷方发生额	余额
0921	承前页					380 500.00
0922	付购货款	转支	#3603	48 000.00		332 500.00
0922	提现金	现支	#8653	4 000.00		328 500.00
0924	支付广告费	转支	#3605	37 200.00		291 300.00
0925	存款利息	特转	#1408		5 900.00	297 200.00
0925	付差旅费	现支	#8655	3 500.00		293 700.00
0926	付保险费	转支	#3609	40 000.00		253 700.00
0926	预收账款	本票	#8461		95 380.00	349 080.00
0926	付用品款	转支	#3614	600.00		348 480.00
0929	付货款	转支	#2003	36 800.00		311 680.00
0929	付电话费	专托	#5721	3 800.00		307 880.00
0929	支付水电费	专托	#1195	4 800.00		303 080.00
0930	付养路费	转支	#3617	3 800.00		299 280.00
0930	贷款利息	特转	#1902	3 500.00		295 780.00
0930	代收运费	委收	#1009		4 000.00	299 780.00
0930	购设备	汇票	#2005	57 400.00		242 380.00

银行存款余额调节表

开户银行：　　　　　账号：　　　　　　　　　　　　　　　　　年　月　日止

摘　要	凭证号	金　额 亿千百十万千百十元角分	摘　要	凭证号	金　额 亿千百十万千百十元角分
银行存款日记账余额			银行对账单余额		
加：银行已收,企业未收			加：企业已收,银行未收		
1			1		
2			2		
3			3		
4			4		
5			5		
6			6		
7			7		
减：银行已付,企业未付			减：企业已付,银行未付		
1			1		
2			2		
3			3		
4			4		
5			5		
6			6		
7			7		
8			8		
9			9		
10			10		
11			11		
12			12		
调节后余额			调节后余额		

财会主管：　　　　　　　　　　　　　　　　制表：

2. 财产清查。

（1）2020年12月31日，北京力峰五金制造有限公司进行全面资产清查。请根据背景单据（原材料盘点报告表）做出会计处理。（凭证编号:097）

原材料盘点报告表

单位名称：北京力峰五金制造有限公司　　2020 年 12 月 31 日　　　　单位：元

编号	类别及名称	计量单位	单价	实存		账存		对比结果				备注
								盘盈		盘亏		
				数量	金额	数量	金额	数量	金额	数量	金额	
01	钢抽	个	22.00	1 200	26 400.00	1 160	25 520.00	40	880.00			
02	导轨	个	18.00	1 000	18 000.00	1 000	18 000.00					

第一联　财务联

监察人：陈奕欣　　　　　盘点人：张嵩（第 12 页共 12 页）

记 账 凭 证

年　月　日　　　　　　　　　　　　　字第　号

摘　要	总账科目	明细科目	借方金额										贷方金额										✓
			亿	千	百	十	万	千	百	十	元	角	分	亿	千	百	十	万	千	百	十	元	角	分
	合　　　计																						

附单据　　张

会计主管：　　　　记账：　　　　出纳：　　　　复核：　　　　制单：

（2）2020 年 12 月 31 日，承上题，北京力峰五金制造有限公司对盘盈材料进行处理，请根据背景单据（原材料盘盈处理报告）做出会计处理。（凭证编号:098）

原材料盘盈处理报告

北京力峰五金制造有限公司，根据 2020 年 12 月 31 日原材料盘点报告书，钢抽材料盘盈 40 个，单价 22.00 元，总计 880.00 元。现已查明盘盈的材料是由于收发计量错误造成的，计入当期损益。

申请人：张鹏举
仓管员：李文军
保管部门主管：刘刚
财务主管：张勇
总经理：

2020 年 12 月 31 日

记 账 凭 证

年 月 日   字第 号

摘要	总账科目	明细科目	借方金额 亿千百十万千百十元角分	贷方金额 亿千百十万千百十元角分	√
	合计				

会计主管：　　　　记账：　　　　出纳：　　　　复核：　　　　制单：

（3）2020 年 12 月 31 日，北京力峰五金制造有限公司进行全面资产清查。盘盈设备一台，经评估，该设备同类产品市场价格为 120 000 元，八成新。请根据背景单据（固定资产盘盈盘亏报告表）做出审批前的会计处理。（凭证编号：035）

固定资产盘盈盘亏报告表

2020 年 12 月 31 日　　　　　　　　　　　　　　　　　　单位：元

固定资产编号	固定资产名称	盘盈				盘亏				
		数量	原价	估计折旧额	估计净值	数量	原价	已提折旧额	已提减值准备	净值
1002	车床	1			96 000.00					
合计		1			96 000.00					
差异原因										
资产管理部门建议处理意见										
单位主管部门批复处理意见										

单位主管：　　　　财务经理：　　　　资产管理部门：张明明　　　　制单：崔亮

第一联　会计联

记 账 凭 证

年　月　日　　　　　　　　　　　　　　　　　字第　　号

摘 要	总账科目	明细科目	借方金额 亿千百十万千百十元角分	贷方金额 亿千百十万千百十元角分	√
					☐
					☐
					☐
					☐
					☐
合　　　计					☐

附单据　　张

会计主管：　　　　记账：　　　　出纳：　　　　复核：　　　　制单：

（4）2020 年 12 月 31 日，承上题，请根据背景单据（固定资产处理意见书）做出审批后的会计处理。（凭证编号：036）

固定资产处理意见书

公司进行固定资产盘查时，盘盈一台车床，经评估，该设备同类产品市场价格为壹拾贰万元，设备还有八成新。因无法查明原因，经决定计入当期损益。

审批人：王靓瑛

日期：2020 年 12 月 31 日

记 账 凭 证

年　月　日　　　　　　　　　　　　　　字第　号

摘 要	总账科目	明细科目	借方金额 亿千百十万千百十元角分	贷方金额 亿千百十万千百十元角分	✓
	合　　计				

会计主管：　　　　记账：　　　　出纳：　　　　复核：　　　　制单：

（5）2020 年 12 月 31 日，北京力峰五金制造有限公司进行全面资产清查。请根据背景单据（库存现金盘点表）做出会计处理。（凭证编号:097）

库存现金盘点表

2020 年 12 月 31 日　　　　　　　单位：元　编号：45

账存金额	实存金额	盘盈	盘亏	备注
5 870.00	5 970.00	100.00		

监察人（签章）：郑芳芳　　　　盘点人（签章）：张磊

记 账 凭 证

年　月　日　　　　　　　　　　　　字第　　号

摘要	总账科目	明细科目	借方金额 亿千百十万千百十元角分	贷方金额 亿千百十万千百十元角分	√
	合　计				

会计主管：　　　记账：　　　出纳：　　　复核：　　　制单：

（6）2020年12月31日，承上题，北京力峰五金制造有限公司对盘盈现金进行处理，请根据背景单据（盘盈盘亏处理报告）做出会计处理。（凭证编号:098）

盘盈盘亏处理报告

北京力峰五金制造有限公司，根据2020年12月31日现金盘点报告书，现金盘盈壹佰元。无法查明原因，计入当期损益。

申请人：张磊
会计：郑芳芳
财务主管：张勇
总经理：瑛王印靓

2020年12月31日

（北京力峰五金制造有限公司 财务专用章）

记 账 凭 证

年 月 日

字第 号

摘 要	总账科目	明细科目	借方金额 亿千百十万千百十元角分	贷方金额 亿千百十万千百十元角分	√
					□
					□
					□
					□
					□
					□
	合 计				□

会计主管：　　　　　记账：　　　　　出纳：　　　　　复核：　　　　　制单：

（7）2020年12月31日，德宝实业有限公司进行财产清查，在清查中发现：库存现金短缺100.00元（见库存现金盘点表）。请做出相应的会计处理。（凭证编号：058）

库存现金盘点表

2020年12月31日　　　　　　　　　　单位：元　编号：*12*

账存金额	实存金额	盘盈	盘亏	备注
5 280.00	5 180.00		100.00	

监察人（签章）：*郑瑛*　　　　　盘点人（签章）：*马峰*

记 账 凭 证

年 月 日

字第 号

摘 要	总账科目	明细科目	借方金额 亿千百十万千百十元角分	贷方金额 亿千百十万千百十元角分	√
					□
					□
					□
					□
					□
					□
	合 计				□

会计主管：　　　　　记账：　　　　　出纳：　　　　　复核：　　　　　制单：

（8）2020年12月31日,承上题,德宝实业有限公司经审查无法查明盘亏100.00元现金的原因。请根据背景单据(关于库存现金短缺处理的意见书)做出会计处理。(凭证编号:059)

关于库存现金短缺处理的意见书

由于本次现金盘亏无法查明具体原因,故将本次损失壹佰元计入当期损益。

审批人：赵洲翔

日期：2020年12月31日

记 账 凭 证

年　月　日

字第　号

摘　要	总账科目	明细科目	借方金额 亿千百十万千百十元角分	贷方金额 亿千百十万千百十元角分	✓
					□
					□
					□
					□
					□
	合　计				□

会计主管：　　　记账：　　　出纳：　　　复核：　　　制单：

（9）2020年12月31日,德宝实业有限公司(增值税一般纳税人)进行财产清查,请根据背景单据(原材料盘点报告表)做出会计处理。(凭证编号:065)

原材料盘点报告表

单位名称：德宝实业有限公司　　2020年12月31日　　　　　　　　单位：元

| 编号 | 类别及名称 | 计量单位 | 单价 | 实存 | | 账存 | | 对比结果 | | | | 备注 |
| | | | | 数量 | 金额 | 数量 | 金额 | 盘盈 | | 盘亏 | | |
								数量	金额	数量	金额	
12	X3型涂料	桶	350.00	200.00	70 000.00	205.0	71 750.00			5.00	1 750.00	

监察人：谢鸣　　　　　　　　　盘点人：廖剑玮（第12页共12页）

第一联　财务联

记 账 凭 证

年　月　日　　　　　　　　　　　　　　　　　字第　　号

| 摘　要 | 总账科目 | 明细科目 | 借方金额 | | | | | | | | | | 贷方金额 | | | | | | | | | | √ |
			亿	千	百	十	万	千	百	十	元	角	分	亿	千	百	十	万	千	百	十	元	角	分	
																									□
																									□
																									□
																									□
																									□
																									□
合　　计																									□

附单据　　张

会计主管：　　　记账：　　　出纳：　　　复核：　　　制单：

（10）2020年12月31日，承上题，结转盘亏材料进项税，请做出会计处理。（凭证编号：066）

记 账 凭 证

年 月 日　　　　　　　　　　　字第　号

摘　要	总账科目	明细科目	借方金额 亿千百十万千百十元角分	贷方金额 亿千百十万千百十元角分	√
	合　　　计				

会计主管：　　　　记账：　　　　出纳：　　　　复核：　　　　制单：

（11）2020 年 12 月 31 日，承接第（9）（10）题，请根据背景单据（盘盈盘亏处理报告）做出原材料盘亏的会计处理。（凭证编号：067）

盘盈盘亏处理报告

德宝实业有限公司，根据 2020 年 12 月 31 日原材料盘点报告书，X3 型涂料盘亏 5 桶，单价 350.00 元。经查明短缺原因为保管人员王光显失职造成的损失，责令其赔偿损失金额壹仟元，其余部分计入当期损益。

申请人：王嘉译
仓管员：王光显
保管部门主管：张淑芳
财务主管：李丽亚
总经理：赵洲翔
2020 年 12 月 31 日

记 账 凭 证

年 月 日   字第 号

摘要	总账科目	明细科目	借方金额 亿千百十万千百十元角分	贷方金额 亿千百十万千百十元角分	√
	合 计				

会计主管：　　　记账：　　　出纳：　　　复核：　　　制单：

（12）2020年12月31日，德宝实业有限公司进行财产清查，在清查中发现盘亏机器一台。请根据背景单据（固定资产盘盈盘亏报告表）做出审批前的会计处理。（凭证编号：068）

固定资产盘盈盘亏报告表

2020年12月31日　　　　　　　　　　　　　　　　　　　　单位：元

固定资产编号	固定资产名称	盘盈				盘亏				
		数量	原价	估计折旧额	估计净值	数量	原价	已提折旧额	已提减值准备	净值
025	机床					1	24 800.00	12 000.00	0	12 800.00
	合计					1	24 800.00	12 000.00	0	12 800.00
差异原因										
资产管理部门建议处理意见										
单位主管部门批复处理意见										

第一联　会计联

单位主管：　　　财务经理：　　　资产管理部门：唐邦社　　　制单：王海

记 账 凭 证

年　月　日

字第　号

摘要	总账科目	明细科目	借方金额 亿千百十万千百十元角分	贷方金额 亿千百十万千百十元角分	✓
	合　　计				

会计主管：　　　记账：　　　出纳：　　　复核：　　　制单：

（13）2020年12月31日，承上题，经查明盘亏一台机器是自然灾害造成的。北京保险公司同意赔款8 000元。请根据背景单据（固定资产处理意见书）做出审批后的会计处理。（凭证编号：069）

固定资产处理意见书

公司进行固定资产盘查时，发现少了一台机床，其原值贰万肆仟捌佰元，已提折旧壹万贰仟元，账面余额为壹万贰仟捌佰元。经查明系发生自然火灾所致，且北京保险公司已同意赔偿捌仟元，余肆仟捌佰元经决定计入当期损益。

审批人：赵洲翔
日期：2020年12月31日

（德宝实业有限公司 财务专用章）

记 账 凭 证

年　月　日

字第　号

摘要	总账科目	明细科目	借方金额 亿千百十万千百十元角分	贷方金额 亿千百十万千百十元角分	✓
	合　　计				

会计主管：　　　记账：　　　出纳：　　　复核：　　　制单：

项目九

编制财务会计报告

知识认知能力训练

1. 财务会计报告主要包括_____及_____部分。其中,会计报表包括主表和附表,主表包括_____、_____、_____等。

2. 企业财务会计报表的主要使用者为:_____、_____、_____、_____、_____、_____、_____。

3. 对外财务会计报告按_____的不同,可分为月度会计报告、季度会计报告、半年度会计报告、年度会计报告。

4. 企业的对外会计报告按其所反映的_____进行分类,可以分为反映_____的会计报告和反映_____及其变动情况的会计报告。

5. 资产负债表是指反映_____(如月末、季末、年末)财务状况的报告。

6. 资产负债表是根据资金运动的规律,即"_____ = _____ + _____"的平衡原理设计的。在我国,资产负债表采用_____的结构。

7. 利润表是反映企业在一定_____(如月度、季度、年度)经营成果的报表,它是以"_____"这一会计等式为编制依据的。

基础能力训练

一、单项选择题

1. 下列关于财务报表的描述中,不正确的是(　　)。
  A. 向财务报表使用者提供可靠信息
  B. 如实反映企业的财务状况、经营成果和现金流量
  C. 便于财务报表使用者对不同企业财务状况进行判断和评价

D. 有助于财务报表使用者做出正确决策
2. 财务报表中各项数字的直接来源是（　　）。
　　A. 原始凭证　　　B. 日记账　　　C. 记账凭证　　　D. 账簿记录
3. 下列会计报表中，反映企业在某一特定日期财务状况的是（　　）。
　　A. 现金流量表　　B. 利润表　　　C. 资产负债表　　D. 利润分配表
4. 下列会计报表中，不需要对外报送的是（　　）。
　　A. 资产负债表　　B. 企业成本报表　C. 现金流量表　　D. 利润表
5. 下列各项中，属于将会计报表分为内部报表和外部报表依据的是（　　）。
　　A. 按会计报表的编制单位　　　　　B. 按会计报表的服务对象
　　C. 按会计报表的编制期间　　　　　D. 按会计报表的反映内容
6. 下列报表中，可以反映企业短期偿债能力和长期偿债能力的是（　　）。
　　A. 现金流量表　　B. 资产负债表　　C. 利润分配表　　D. 利润表
7. （　　）是企业财务报告不可或缺的重要组成部分，是对资产负债表、利润表、现金流量表、所有者权益变动表等报表中列示项目的文字描述或明细资料，以及对未能在这些报表中列示项目的说明。
　　A. 会计报表的说明　　　　　　　　B. 会计报表附注
　　C. 会计报表附表　　　　　　　　　D. 财务情况说明书
8. 会计报表各项目的数据必须建立在（　　）的基础之上。
　　A. 真实可靠　　　B. 相关可比　　　C. 便于理解　　　D. 编制及时
9. 根据我国统一会计制度的规定，企业资产负债表的格式是（　　）。
　　A. 报告式　　　　B. 账户式　　　　C. 多步式　　　　D. 单步式
10. 资产负债表中资产的排列顺序是（　　）。
　　A. 收益率高的资产排在前　　　　　B. 重要的资产排在前
　　C. 流动性强的资产排在前　　　　　D. 非货币性资产排在前
11. 编制会计报表时，以"资产＝负债＋所有者权益"这一会计等式作为编制依据的会计报表是（　　）。
　　A. 利润表　　　　　　　　　　　　B. 所有者权益变动表
　　C. 资产负债表　　　　　　　　　　D. 现金流量表
12. 下列资产负债表项目中，应根据多个账户期末余额相加填列的是（　　）。
　　A. 存货　　　　　B. 应付票据　　　C. 资本公积　　　D. 累计折旧
13. 下列资产中，属于企业流动资产的是（　　）。
　　A. 专利权　　　　B. 机器设备　　　C. 存货　　　　　D. 厂房
14. 下列关于资产流动性的表述中，正确的是（　　）。
　　A. 交易性金融资产的流动性强于银行存款
　　B. 固定资产的流动性强于银行存款

C. 应收账款的流动性强于交易性金融资产

D. 库存现金的流动性强于固定资产

15. "应收账款"科目所属明细科目如有贷方余额,应在资产负债表( )项目中反映。

A. 预付款项　　　B. 预收款项　　　C. 应收账款　　　D. 应付账款

16. 某企业"应付账款"明细账期末余额情况如下:"应付账款——X企业"贷方余额为200 000元,"应付账款——Y企业"借方余额为180 000元,"应付账款——Z企业"贷方余额为300 000元。假如该企业"预付账款"明细账均为借方余额,则根据以上数据计算的反映在资产负债表上"应付账款"项目的数额为( )元。

A. 680 000　　　B. 320 000　　　C. 500 000　　　D. 80 000

17. 某企业"应收账款"明细账借方余额合计为140 000元,贷方余额合计为36 500元,"预收账款"明细账贷方余额合计为80 000元,借方余额合计为20 000元,"坏账准备"贷方余额为340元,则资产负债表的"应收账款"项目应是( )元。

A. 140 000　　　B. 103 160　　　C. 159 660　　　D. 123 500

18. 企业有关账户月末余额为:"原材料"借方130 000元,"库存商品"借方120 000元,"生产成本"借方50 000元,则月度资产负债表的"存货"项目期末数应填列( )元。

A. 150 000　　　B. 195 000　　　C. 170 000　　　D. 300 000

19. 下列会计报表中,反映企业在一定会计期间经营成果的是( )。

A. 现金流量表　　B. 利润表　　　C. 资产负债表　　D. 利润分配表

20. 编制财务报表时,以"收入-费用=利润"这一会计等式作为编制依据的财务报表是( )。

A. 利润表　　　　　　　　　　B. 所有者权益变动表

C. 资产负债表　　　　　　　　D. 现金流量表

21. 在利润表上,利润总额减去( )后,得出净利润。

A. 管理费用　　　B. 增值税　　　C. 营业外支出　　D. 所得税费用

二、多项选择题

1. 小企业应当提供的财务会计报表有( )。

A. 利润表　　　B. 股东权益变动表　　C. 收入支出表　　D. 资产负债表

2. 财务报表按编报期间的不同,分为( )。

A. 年度财务报表　　　　　　　B. 季度财务报表

C. 月度财务报表　　　　　　　D. 中期财务报表

3. 下列各项中,属于财务报表至少应当包括的组成部分的有( )。
   A. 资产负债表   B. 利润表
   C. 现金流量表   D. 会计报表分析

4. 财务会计报表可以反映企业的( )。
   A. 财务状况   B. 经营成果   C. 劳动状况   D. 现金流量

5. 个别财务报表是独立核算的企业用来反映自身的( )的账务报表。
   A. 经营成果   B. 现金流量   C. 职工变动情况   D. 财务状况

6. 财务报表按服务对象不同,可以分为( )。
   A. 动态财务报表   B. 对外财务报表
   C. 对内财务报表   D. 静态财务报表

7. 根据我国《企业会计准则》的规定,会计期间分为( )。
   A. 月度   B. 季度   C. 半年度   D. 年度

8. 财务会计报告按照服务对象的不同,分为( )。
   A. 对内报告   B. 静态报告   C. 对外报告   D. 动态报告

9. 下列各项中,属于中期财务会计报告的有( )。
   A. 年度财务会计报告   B. 季度财务会计报告
   C. 半年度财务会计报告   D. 月度财务会计报告

10. 关于资产负债表的格式,下列说法正确的有( )。
    A. 资产负债表主要有账户式和报告式
    B. 我国的资产负债表采用报告式
    C. 账户式资产负债表分为左右两方,左方为资产,右方为负债和所有者权益
    D. 负债和所有者权益按照求偿权的先后顺序排列

11. 下列资产负债表中的部分项目,属于所有者权益项目的有( )。
    A. 实收资本   B. 应付股利   C. 资本公积   D. 盈余公积

12. 下列各项中,属于资产负债表账户的有( )。
    A. 库存商品   B. 存货跌价准备 C. 生产成本   D. 原材料

13. 下列各项中,属于非流动负债的有( )。
    A. 专项应付款   B. 长期借款   C. 应付债券   D. 长期应付款

14. 下列资产负债表项目中,应根据相应总账账户期末余额直接填列的项目是( )。
    A. 盈余公积   B. 短期借款   C. 资本公积   D. 实收资本

15. 资产负债表"存货"项目的内容有( )。
    A. 生产成本   B. 原材料   C. 材料采购   D. 库存商品

16. 资产负债表"应收账款"项目应根据( )分析计算填列。
    A. 应收账款明细账借方余额   B. 应收账款明细账贷方余额
    C. 预收账款明细账借方余额   D. 坏账准备账户贷方余额

17. 下列各项中,会影响营业利润计算的有( )。
   A. 营业外收入　　B. 税金及附加　　C. 营业成本　　D. 销售费用
18. 下列各项中,属于利润表提供的信息的有( )。
   A. 本期实现的营业收入　　　　B. 本期的所得税费用
   C. 本期实现的营业利润　　　　D. 企业本期的净利润或亏损总额
19. 利润表中的"营业收入"项目填列的依据有( )。
   A. "主营业务收入"发生额　　　B. "本年利润"发生额
   C. "其他业务收入"发生额　　　D. "投资收益"发生额
20. 利润表中的"营业成本"项目填列的依据有( )。
   A. "营业外支出"发生额　　　　B. "主营业务成本"发生额
   C. "其他业务成本"发生额　　　D. "税金及附加"发生额
21. 下列关于利润表的表述中,正确的有( )。
   A. 是企业的主要财务报表之一
   B. 可据以分析、评价企业的盈利状况和工作业绩
   C. 可据以分析企业的获利能力和利润的未来发展趋势
   D. 表中各项目是按照流动性排列的
22. 利润表中根据表中相关项目计算填列的有( )。
   A. 营业利润　　B. 所得税费用　　C. 利润总额　　D. 净利润

三、能力判断题

1. 财务会计报告主要是指对内财务会计报告。　　　　　　　　　　　　( )
2. 按照服务对象的不同,财务会计报告可分为月度会计报告、季度会计报告、半年度会计报告和年度会计报告。　　　　　　　　　　　　　　　　　　　　　　( )
3. 企业的对外会计报告按其所反映的经济内容进行分类,可以分为反映经营成果的会计报告和反映财务状况及其变动情况的会计报告。　　　　　　　　　　　　( )
4. 中期财务报表包括月度财务报表、季度财务报表,也包括年初至期末的财务报表。
　　　　　　　　　　　　　　　　　　　　　　　　　　　　　　　　( )
5. 附注是对未能在资产负债表、利润表、现金流量表、所有者权益变动表等报表中列示项目的说明。　　　　　　　　　　　　　　　　　　　　　　　　　　( )
6. 企业会计报表各项目的数据在同一企业不同时期应当口径一致、相互可比,在不同企业之间则不一定要相互可比。　　　　　　　　　　　　　　　　　　　( )
7. 财务报表应按照国家统一的会计准则或制度规定的财务报表格式和内容进行编制。
　　　　　　　　　　　　　　　　　　　　　　　　　　　　　　　　( )

8. 编制财务报表必须做到数字真实、内容完整、报送及时。（   ）
9. 财务会计报告主要是指对外财务会计报告。（   ）
10. 附注是对资产负债表、利润表、现金流量表等报表中列示项目所做的进一步说明，以及对未能在这些报表中列示项目的说明。（   ）
11. 企业至少应当按年编制财务报表。（   ）
12. 财务会计报告是由企业根据经过审核的会计凭证编制的。（   ）
13. 中期财务报告就是指在每个月中旬编制的财务报告。（   ）
14. 资产负债表是指反映企业在某一特定时期财务状况的报告。（   ）
15. 在我国,资产负债表采用账户式。（   ）
16. 我国的资产负债表中左方列报资产项目,一般是按照资产的流动性排列。（   ）
17. 资产负债表是反映企业在某一特定期间财务状况的会计报表,属于静态报表。（   ）
18. 资产负债表中的长期借款项目应根据长期借款账户的余额直接填列。（   ）

提升能力训练

一、单项选择题

1. 最关心企业盈利情况的会计报表使用者是（   ）。
   A. 企业股东　　　B. 货物供应商　　　C. 企业职工　　　D. 企业债权人
2. 最关心企业偿债能力和利息支付能力的会计报表使用者是（   ）。
   A. 税务机关　　　B. 企业债权人　　　C. 企业股东　　　D. 企业职工
3. 下列会计报表中,反映企业在某一特定日期财务状况的是（   ）。
   A. 现金流量表　　B. 利润表　　　C. 资产负债表　　D. 利润分配表
4. 资产负债表是反映企业特定（   ）财务状况的会计报表。
   A. 期间　　　　　B. 时期　　　　C. 时间　　　　　D. 日期
5. 资产负债表的下列项目中,需要根据几个总账科目的期末余额进行汇总填列的是（   ）。
   A. 应付职工薪酬　　　　　　　　　B. 短期借款
   C. 货币资金　　　　　　　　　　　D. 资本公积
6. 利润表是反映企业特定（   ）经营成果的会计报表。
   A. 期间　　　　　B. 时期　　　　C. 时间　　　　　D. 日期

7. 我国企业的利润表采用多步式,分步计算的利润指标不包括(   )。
   A. 主营业务利润   B. 营业利润   C. 利润总额   D. 净利润
8. 多步式利润表中的利润总额是以(   )为基础来计算的。
   A. 营业收入   B. 营业成本   C. 投资收益   D. 营业利润
9. 下列各项中,不会引起利润总额增减变化的是(   )。
   A. 销售费用   B. 管理费用   C. 所得税费用   D. 营业外支出
10. 在利润表上,利润总额减去(   )后,得出净利润。
    A. 管理费用   B. 增值税   C. 营业外支出   D. 所得税费用

二、多项选择题

1. 财务会计报告主要包括(   )。
   A. 会计报表   B. 文字报告部分   C. 主表   D. 附表
2. 财务会计报告的使用者有(   )。
   A. 投资人和债权人   B. 经理人员和供应商
   C. 政府   D. 雇员和工会
   E. 中介机构
3. 财务会计报告分为(   )。
   A. 年度财务会计报告   B. 季度财务会计报告
   C. 半年度财务会计报告   D. 月度财务会计报告
4. 下列各项中,属于财务会计报告编制要求的有(   )。
   A. 数字真实   B. 计算准确   C. 内容完整   D. 报送及时
5. 利润表的特点有(   )。
   A. 根据相关账户的本期发生额编制   B. 根据相关账户的期末余额编制
   C. 属于静态报表   D. 属于动态报表

专业应用能力训练

1. 编制资产负债表。
(1) 请根据相关资料(账户余额表和余额明细资料)编制资产负债表。

账户余额表

编制单位：北京极光工业公司　　2020 年 12 月 31 日　　　　　　　　　　单位：元

会计科目	12 月月末借方余额	会计科目	12 月月末贷方余额
库存现金	2 358.00	短期借款	20 000.00
银行存款	4 898 398.48	应付账款	288 252.00
交易性金融资产	15 000.00	应付票据	41 343.00
应收账款	28 600.00	预收账款	70 000.00
应收票据	58 720.0	应付职工薪酬	117 423.30
预付账款	4 400.00	应交税费	231 605.87
库存商品	140 800.00	应付利息	70.00
固定资产	431 860.00	长期借款	209 080.00
无形资产	137 400.00	实收资本	1 200 000.00
投资性房地产	1 220 000.00	资本公积	4 010 000.00
递延所得税资产	500.00	盈余公积	93 135.34
		利润分配	527 766.97
		坏账准备	2 000.00
		累计折旧	107 160.00
		累计摊销	20 200.00

注：坏账准备为因应收账款而产生的坏账做的计提。

账户余额有关明细资料如下：

① 应收账款：借方余额 28 600.00 元，其中：

应收账款——宏发公司（借方）15 800.00 元；

应收账款——云台公司（借方）18 700.00 元；

应收账款——联盛公司（贷方）5 900.00 元。

② 应付账款：贷方余额 288 252.00 元，其中：

应付账款——金伟公司（贷方）133 400.00 元；

应付账款——裕泰公司（贷方）127 500.00 元；

应付账款——龙腾公司（贷方）80 000.00 元；

应付账款——恒生公司（借方）52 648.00 元。

③ 预收账款：贷方余额 70 000.00 元，其中：

预收账款——益佰公司（贷方）70 000.00 元。

④ 预付账款：借方余额 4 400.00 元，其中：

预付账款——大通公司（借方）4 400.00 元。

⑤ 长期借款金额 209 080.00 元，为本期借入并于三年后还本的借款。

资产负债表

编制单位：　　　　　　　　　　年　月　日

单位：元
会企01表

资　产	期末余额	年初余额	负债和所有者权益（或股东权益）	期末余额	年初余额
流动资产：			流动负债：		
货币资金		略	短期借款		略
交易性金融资产			交易性金融负债		
衍生金融资产			衍生金融负债		
应收票据			应付票据		
应收账款			应付账款		
应收款项融资			预收款项		
预付款项			合同负债		
其他应收款			应付职工薪酬		
存货			应交税费		
合同资产			其他应付款		
持有待售资产			持有待售负债		
一年内到期的非流动资产			一年内到期的非流动负债		
其他流动资产			其他流动负债		
流动资产合计			流动负债合计		
非流动资产：			非流动负债：		
债权投资			长期借款		
其他债权投资			应付债券		
长期应收款			其中：优先股		
长期股权投资			永续债		
其他权益工具投资			租赁负债		
其他非流动金融资产			长期应付款		
投资性房地产			预计负债		
固定资产			递延收益		
在建工程			递延所得税负债		
生产性生物资产			其他非流动负债		
油气资产			非流动负债合计		
使用权资产			负债合计		
无形资产			所有者权益（或股东权益）：		
开发支出			实收资本（或股本）		
商誉			其他权益工具		
长期待摊费用			其中：优先股		
递延所得税资产			永续债		
其他非流动资产			资本公积		
非流动资产合计			减：库存股		
			其他综合收益		
			专项储备		
			盈余公积		
			未分配利润		
			所有者权益（或股东权益）合计		
资产合计			负债和所有者权益（或股东权益）合计		

单位负责人：　　　　　会计主管：　　　　　复核：　　　　　制表：

(2) 请根据相关资料(账户余额表和余额明细资料)编制资产负债表。

账户余额表

编制单位：启明实业发展有限公司　　　　2020 年 12 月 31 日　　　　　　　　　单位：元

会计科目	12 月月末借方余额	会计科目	12 月月末贷方余额
库存现金	75 358.60	短期借款	80 000.00
银行存款	1 569 524.40	应付账款	120 000.00
交易性金融资产	130 000.00	应付票据	50 000.00
应收账款	103 524.75	预收账款	8 000.00
应收票据	50 000.00	应付职工薪酬	585 325.75
预付账款	35 000.00	应交税费	179 260.00
库存商品	1 567 360.00	应付债券	100 000.00
在途物资	50 000.00	应付利息	2 000.00
固定资产	250 000.00	实收资本	1 700 000.00
无形资产	15 000.00	资本公积	180 000.00
		盈余公积	203 140.37
		利润分配	580 541.00
		坏账准备	1 500.00
		存货跌价准备	1 000.00
		累计折旧	50 000.00
		累计摊销	5 000.00

注：坏账准备为因应收账款而产生的坏账做的计提。

账户余额有关明细资料如下：

① 应收账款：借方余额 103 524.75 元,其中：

应收账款——天丰公司(借方)67 291.09 元；

应收账款——通海公怀(借方)56 938.62 元；

应收账款——盛发公司(贷方)20 704.96 元。

② 应付账款：贷方余额 120 000.00 元,其中：

应付账款——金达公司(贷方)78 000.00 元；

应付账款——大盛公司(贷方)66 000.00 元；

应付账款——汇丰公司(借方)24 000.00 元。

③ 预付账款：借方余额 35 000.00 元,其中：

预付账款——益佰公司(借方)24 400.00 元；

预付账款——景南公司(借方)16 800.00 元；

预付账款——科勒公司(贷方)6 200.00 元。

④ 预收账款：贷方余额 8 000.00 元,其中：

预收账款——美丰公司(贷方)8 000.00 元。

资产负债表

编制单位：　　　　　　　　　　　　　　年　月　日

单位：元　
会企 01 表

资　　产	期末余额	年初余额	负债和所有者权益（或股东权益）	期末余额	年初余额
流动资产：			流动负债：		
货币资金		略	短期借款		略
交易性金融资产			交易性金融负债		
衍生金融资产			衍生金融负债		
应收票据			应付票据		
应收账款			应付账款		
应收款项融资			预收款项		
预付款项			合同负债		
其他应收款			应付职工薪酬		
存货			应交税费		
合同资产			其他应付款		
持有待售资产			持有待售负债		
一年内到期的非流动资产			一年内到期的非流动负债		
其他流动资产			其他流动负债		
流动资产合计			流动负债合计		
非流动资产：			非流动负债：		
债权投资			长期借款		
其他债权投资			应付债券		
长期应收款			其中：优先股		
长期股权投资			永续债		
其他权益工具投资			租赁负债		
其他非流动金融资产			长期应付款		
投资性房地产			预计负债		
固定资产			递延收益		
在建工程			递延所得税负债		
生产性生物资产			其他非流动负债		
油气资产			非流动负债合计		
使用权资产			负债合计		
无形资产			所有者权益（或股东权益）：		
开发支出			实收资本（或股本）		
商誉			其他权益工具		
长期待摊费用			其中：优先股		
递延所得税资产			永续债		
其他非流动资产			资本公积		
非流动资产合计			减：库存股		
			其他综合收益		
			专项储备		
			盈余公积		
			未分配利润		
			所有者权益（或股东权益）合计		
资产合计			负债和所有者权益（或股东权益）合计		

单位负责人：　　　　　　会计主管：　　　　　　复核：　　　　　　制表：

(3) 请根据相关资料(账户余额表)编制资产负债表。

账户余额表

编制单位：南台实业有限公司　　　　2020年12月31日　　　　　　　　　　单位：元

会计科目	期末余额	年初余额	会计科目	期末余额	年初余额
库存现金	50 129.00	36 500.00	应付账款	4 084 078.63	318 267.00
银行存款	1 872 827.48	1 905 909.00	预收账款	750 180.00	255 996.00
应收账款	557 500.00	1 323 225.00	应付职工薪酬	245 772.74	240 243.45
坏账准备	16 775.00(贷方)	16 775.00(贷方)	应交税费	388 166.03	269 146.55
原材料	88 000.00	101 400.00	长期借款	1 000 000.00	1 000 000.00
周转材料	650.00	900.00	实收资本	5 000 000.00	5 000 000.00
材料成本差异	3 300.00(贷方)	3 600.00(贷方)	利润分配	54 537.50(借方)	3 540 194.25(贷方)
库存商品	33 899.18	16 165.00			
固定资产	8 003 400.00	5 003 400.00			
累计折旧	978 217.60	428 328.80			
在建工程	1 132 000.00	842 500.00			
无形资产	3 272 448.00	3 272 448.00			
累计摊销	222 489.60	204 464.00			
递延所得税资产	15 706.25	8 760.00			
应付票据	2 392 117.81	1 234 192.55			

注：坏账准备为因应收账款而产生的坏账做的计提。

资产负债表

编制单位：　　　　　　　　　　　　　年　月　日　　　　　　　　　　　　单位：元
　　　　　　　　　　　　　　　　　　　　　　　　　　　　　　　　　　　会企01表

资产	期末余额	年初余额	负债和所有者权益(或股东权益)	期末余额	年初余额
流动资产：			流动负债：		
货币资金			短期借款		
交易性金融资产			交易性金融负债		
衍生金融资产			衍生金融负债		
应收票据			应付票据		
应收账款			应付账款		
应收款项融资			预收款项		
预付款项			合同负债		
其他应收款			应付职工薪酬		
存货			应交税费		

续表

资　产	期末余额	年初余额	负债和所有者权益（或股东权益）	期末余额	年初余额
合同资产			其他应付款		
持有待售资产			持有待售负债		
一年内到期的非流动资产			一年内到期的非流动负债		
其他流动资产			其他流动负债		
流动资产合计			流动负债合计		
非流动资产：			非流动负债：		
债权投资			长期借款		
其他债权投资			应付债券		
长期应收款			其中：优先股		
长期股权投资			永续债		
其他权益工具投资			租赁负债		
其他非流动金融资产			长期应付款		
投资性房地产			预计负债		
固定资产			递延收益		
在建工程			递延所得税负债		
生产性生物资产			其他非流动负债		
油气资产			非流动负债合计		
使用权资产			负债合计		
无形资产			所有者权益（或股东权益）：		
开发支出			实收资本（或股本）		
商誉			其他权益工具		
长期待摊费用			其中：优先股		
递延所得税资产			永续债		
其他非流动资产			资本公积		
非流动资产合计			减：库存股		
			其他综合收益		
			专项储备		
			盈余公积		
			未分配利润		
			所有者权益（或股东权益）合计		
资产合计			负债和所有者权益（或股东权益）合计		

单位负责人：　　　　　会计主管：　　　　　复核：　　　　　制表：

2. 编制利润表。

(1) 请根据相关资料(12月份损益类账户发生额)编制新艺贸易有限公司2020年12月份的利润表。

12月份损益类账户发生额　　　　　　　　　　　单位：元

账户名称	12月份发生额
主营业务收入	59 488 788.00
其他业务收入	1 338 000.00
营业外收入	34 500.00
主营业务成本	41 800 600.00
销售费用	2 440 200.00
税金及附加	3 420 500.00
其他业务成本	825 000.00
管理费用	4 523 000.00
财务费用	118 300.00
营业外支出	84 500.00
所得税费用	1 768 324.00

利　润　表

会企02表

编制单位：　　　　　　　　　　年　月　　　　　　　　　　单位：元

项　目	行次	本期金额	上期金额
一、营业收入	1		
减：营业成本	2		
税金及附加	3		
销售费用	4		
管理费用	5		
财务费用	6		
资产减值损失	7		
加：公允价值变动收益(损失以"－"填列)	8		
投资收益(损失以"－"填列)	9		
其中：对联营企业和合营企业的投资收益	10		
二、营业利润(亏损以"－"填列)	11		

续表

项　目	行次	本期金额	上期金额
加：营业外收入	12		
其中：非流动资产处置利得	13		
减：营业外支出	14		
其中：非流动资产处置损失	15		
三、利润总额（亏损总额以"－"号填列）	16		
减：所得税费用	17		
四、净利润（净亏损以"－"号填列）	18		
五、其他综合收益的税后净额	19		
（一）以后不能重分类进损益的其他综合收益	20		
（二）以后将重分类进损益的其他综合收益	21		
六、综合收益总额	22		
七、每股收益	23		
（一）基本每股收益	24		
（二）稀释每股收益	25		

单位负责人：　　　　　会计主管：　　　　　复核：　　　　　制表：

（2）请根据相关资料（12月份损益类账户发生额）编制江苏糖果有限公司2020年12月份的利润表。

12月份损益类账户发生额

单位：元

账户名称	12月份发生额
主营业务收入	72 992 453.00
其他业务收入	18 248 114.00
营业外收入	52 135.00
主营业务成本	51 151 028.00
销售费用	3 660 685.00
税金及附加	5 131 135.00
其他业务成本	12 787 757.00
管理费用	6 784 885.00
财务费用	177 835.00
营业外支出	127 135.00
所得税费用	2 652 871.00
资产减值损失	435 385.00
公允价值变动损益	480 000.00
投资收益	3 432 423.00

利 润 表

会企02表
编制单位：　　　　　　　　　　　　年　月　　　　　　　　　　　　　单位：元

项　目	行次	本期金额	上期金额
一、营业收入	1		
减：营业成本	2		
税金及附加	3		
销售费用	4		
管理费用	5		
财务费用	6		
资产减值损失	7		
加：公允价值变动收益（损失以"－"填列）	8		
投资收益（损失以"－"填列）	9		
其中：对联营企业和合营企业的投资收益	10		
二、营业利润（亏损以"－"填列）	11		
加：营业外收入	12		
其中：非流动资产处置利得	13		
减：营业外支出	14		
其中：非流动资产处置损失	15		
三、利润总额（亏损总额以"－"号填列）	16		
减：所得税费用	17		
四、净利润（净亏损以"－"号填列）	18		
五、其他综合收益的税后净额	19		
（一）以后不能重分类进损益的其他综合收益	20		
（二）以后将重分类进损益的其他综合收益	21		
六、综合收益总额	22		
七、每股收益	23		
（一）基本每股收益	24		
（二）稀释每股收益	25		

单位负责人：　　　　　会计主管：　　　　　复核：　　　　　制表：

（3）根据相关资料（1—11月份损益类账户累计发生额和12月份损益类账户发生额）编制徐州欣阳有限公司2020年度利润表。

1—11月份损益类账户累计发生额

单位：元

账户名称	累计发生额	账户名称	累计发生额
主营业务收入	23 591 824.38	其他业务收入	4 163 263.13
营业外收入	18 650.00	主营业务成本	14 204 781.65
销售费用	143 159.87	税金及附加	233 856.07
其他业务成本	2 506 726.17	管理费用	1 003 850.32
财务费用	6 546.24	公允价值变动损益	346 678.43
投资收益	4 468 547.98	资产减值损失	4 500.86
所得税费用	2 346 678.84		
营业外支出	36 890.00		

12月份损益类账户发生额

单位：元

账户名称	12月份发生额
主营业务收入	2 167 893.13
其他业务收入	382 569.38
营业外收入	500.00
主营业务成本	1 322 252.88
销售费用	13 014.53
税金及附加	29 340.00
其他业务成本	233 338.74
管理费用	99 934.42
财务费用	3 046.50
营业外支出	3 686.00

利　润　表

会企02表

编制单位：　　　　　　　　　　　　年　　　　　　　　　　　　单位：元

项　目	行次	本期金额	上期金额
一、营业收入	1		
减：营业成本	2		
税金及附加	3		
销售费用	4		
管理费用	5		
财务费用	6		

续表

项　目	行次	本期金额	上期金额
资产减值损失	7		
加：公允价值变动收益(损失以"－"填列)	8		
投资收益(损失以"－"填列)	9		
其中：对联营企业和合营企业的投资收益	10		
二、营业利润(亏损以"－"填列)	11		
加：营业外收入	12		
其中：非流动资产处置利得	13		
减：营业外支出	14		
其中：非流动资产处置损失	15		
三、利润总额(亏损总额以"－"号填列)	16		
减：所得税费用	17		
四、净利润(净亏损以"－"号填列)	18		
五、其他综合收益的税后净额	19		
（一）以后不能重分类进损益的其他综合收益	20		
（二）以后将重分类进损益的其他综合收益	21		
六、综合收益总额	22		
七、每股收益	23		
（一）基本每股收益	24		
（二）稀释每股收益	25		

单位负责人：　　　　　　会计主管：　　　　　　复核：　　　　　　制表：

项目十

应用会计处理程序

＊本章节中会计处理程序具体方法适用于手工记账。

知识认知能力训练

1. 会计账务处理程序又称＿＿＿＿＿＿＿＿＿＿＿＿＿＿＿＿，是指对会计数据的＿＿＿＿＿、＿＿＿＿＿、＿＿＿＿＿、＿＿＿＿＿的步骤和方法，即从＿＿＿＿＿＿的整理、汇总，＿＿＿＿＿＿＿的填制、汇总,日记账、明细分类账的＿＿＿＿＿＿，到＿＿＿＿＿＿＿＿的步骤和方法。不同的记账程序规定了＿＿＿＿＿＿＿＿＿、＿＿＿＿＿＿＿＿＿、＿＿＿＿＿＿＿＿＿的方法和步骤不同。

2. 会计处理程序的基本模式可以概括为：＿＿＿＿＿＿＿＿＿＿＿＿＿＿＿＿＿＿＿＿。

3. 适用、合理的记账程序在会计核算工作中能起到下列作用：

（1）＿＿＿＿＿＿＿＿＿＿＿＿＿＿＿＿＿＿＿＿＿＿＿＿＿＿＿＿＿＿＿＿＿＿；

（2）＿＿＿＿＿＿＿＿＿＿＿＿＿＿＿＿＿＿＿＿＿＿＿＿＿＿＿＿＿＿＿＿＿＿；

（3）＿＿＿＿＿＿＿＿＿＿＿＿＿＿＿＿＿＿＿＿＿＿＿＿＿＿＿＿＿＿＿＿＿＿。

4. 根据我国的具体情况,在会计实践中,常见的会计处理程序主要有以下几种：

（1）＿＿＿＿＿＿＿＿＿＿＿＿会计核算形式；

（2）＿＿＿＿＿＿＿＿＿＿＿＿会计核算形式；

（3）＿＿＿＿＿＿＿＿＿＿＿＿会计核算形式。

除此之外,会计处理程序还有＿＿＿＿＿＿＿＿＿会计核算形式、多栏式日记账等会计核算形式。

5. 记账凭证会计处理程序是＿＿＿＿＿＿＿＿＿会计核算形式,其基本特点是：＿＿＿＿＿＿＿＿＿＿＿＿＿＿＿＿＿＿。其他各种会计核算形式都是在此基础上,根据经济管理的需要发展而形成的。

6. 记账凭证会计处理程序一般应设置以下账簿：＿＿＿＿＿＿日记账、＿＿＿＿＿＿日记账、＿＿＿＿＿＿账和＿＿＿＿＿＿＿＿账。库存现金、银行存款日记账和总分类账均采用＿＿＿＿＿＿；明细分类账可根据需要采用＿＿＿＿＿＿＿＿或＿＿＿＿＿＿＿＿或

_____;记账凭证可用一种_____格式,也可将收款凭证、付款凭证和转账凭证同时应用。总分类账一般是按账户设页。

7. 记账凭证会计处理程序的核算步骤:
(1) _____;
(2) _____;
(3) _____;
(4) _____;
(5) _____;
(6) _____。

8. 记账凭证会计处理程序的优点是_____,在总分类账中可以全面反映各项经济业务的_____,便于_____,对于经济业务发生较少的科目,总账可代替_____。但是,这种会计处理程序的缺点是登记总账的_____,也_____。因此,这种会计处理程序一般只适用于_____、_____的单位。

9. 科目汇总表会计处理程序是在_____核算形式的基础上,为简化_____的登记工作而产生的。其主要特点是:_____(5天或10天)对_____进行汇总,编制_____,然后再根据_____登记总分类账。在科目汇总表核算形式下,记账凭证系统和账簿体系与_____核算形式相同,只是还需要设置科目汇总表。

10. 科目汇总表是将全部会计科目按照_____、_____排列,其编制方法是:定期将汇总期的全部_____,按每一_____分别_____借方和_____,填入_____相关科目的"_____"栏和"_____"栏内。全部会计科目_____同_____应当相等。每月编制科目汇总表的_____,视_____的大小而定,灵活掌握。

11. 科目汇总表会计处理程序的核算步骤:
(1) _____;
(2) _____;
(3) _____;
(4) _____;
(5) _____;
(6) _____;
(7) _____。

12. 采用科目汇总表会计处理程序,由于通过定期汇总可以分几次或月终一次根据汇总数登记总账,从而可以_____的工作。而且,记账凭证汇总表还能起到_____的作用,利于检查记账工作的_____。但是,汇总的_____

的,而且科目汇总表不能反映_____,所以不便于了解经济业务的
_____。因此,这种会计处理程序适用于_____、_____的
单位。

13. 汇总记账凭证会计处理程序是根据_____定期按会计科目的对应关系编
制_____,然后根据汇总记账凭证登记_____。在汇总记账凭证核
算形式下,编制的汇总记账凭证有:_____、_____和_____
三种。账簿体系同记账凭证核算形式_____,只是增设了_____。

基础能力训练

一、单项选择题

1. 在各种不同的会计处理程序中,不能作为登记总账依据的是( )。
    A. 记账凭证   B. 汇总记账凭证
    C. 汇总原始凭证   D. 科目汇总表
2. 直接根据记账凭证逐笔登记总分类账的会计处理程序是( )。
    A. 记账凭证会计处理程序
    B. 汇总记账凭证会计处理程序
    C. 科目汇总表会计处理程序
    D. 日记总账会计处理程序
3. 各种会计处理程序的主要区别是( )。
    A. 凭证格式不同   B. 设置账户不同
    C. 程序繁简不同   D. 登记总账的依据不同
4. 记账凭证会计处理程序的优点是( )。
    A. 总分类账反映较详细   B. 减轻了登记总分类账的工作量
    C. 有利于会计核算的日常分工 D. 便于核对账目和进行试算平衡
5. 记账凭证会计处理程序的特点是根据记账凭证逐笔登记( )。
    A. 日记账   B. 明细分类账
    C. 总分类账   D. 总分类账和明细分类账
6. 适用于规模较小、业务量不多的单位的会计处理程序是( )。
    A. 记账凭证会计处理程序   B. 科目汇总表会计处理程序
    C. 汇总记账凭证会计处理程序 D. 多栏式日记账会计处理程序

7. 编制科目汇总表的直接依据是(　　)。
   A. 原始凭证　　　　　　　　　　B. 汇总原始凭证
   C. 记账凭证　　　　　　　　　　D. 汇总记账凭证
8. 科目汇总表会计处理程序的缺点是(　　)。
   A. 登记总分类账的工作量大　　　B. 程序复杂,不易掌握
   C. 不能对发生额进行试算平衡　　D. 不便于查账、对账
9. 关于科目汇总表会计处理程序,下列说法中,正确的是(　　)。
   A. 登记总账的直接依据是记账凭证
   B. 登记总账的直接依据是科目汇总表
   C. 编制会计报表的直接依据是科目汇总表
   D. 与记账凭证会计处理程序相比较,增加了一道编制汇总记账凭证的程序

二、多项选择题

1. 科学、合理地选择适用于本单位的会计处理程序的意义有(　　)。
   A. 有利于会计工作程序的规范化　　B. 有利于提高会计信息的质量
   C. 有利于增强会计信息的可靠性　　D. 有利于保证会计信息的及时性
2. 会计处理程序也叫会计核算程序,它是指(　　)相结合的方式。
   A. 会计凭证　　B. 会计账簿　　C. 会计科目　　D. 会计报表
3. 常用的会计处理程序主要有(　　)。
   A. 记账凭证会计处理程序　　　　B. 汇总记账凭证会计处理程序
   C. 科目汇总表会计处理程序　　　D. 日记总账会计处理程序
4. 适用于生产经营规模较大、业务较多的企业的会计处理程序有(　　)。
   A. 多栏式日记账会计处理程序　　B. 记账凭证会计处理程序
   C. 汇总记账凭证会计处理程序　　D. 科目汇总表会计处理程序
5. 在各种会计核算形式下,明细分类账可以根据(　　)登记。
   A. 原始凭证　　　　　　　　　　B. 记账凭证
   C. 原始凭证汇总表　　　　　　　D. 记账凭证汇总表
6. 记账凭证会计处理程序的优点有(　　)。
   A. 简单明了、易于理解
   B. 总分类账可较详细地记录经济业务发生情况
   C. 便于进行会计科目的试算平衡
   D. 减轻了登记总分类账的工作量

7. 在科目汇总表会计处理程序下,不能作为登记总账直接依据的有(　　)。
   A. 原始凭证　　　　　　　　　　　B. 汇总记账凭证
   C. 科目汇总表　　　　　　　　　　D. 记账凭证
8. 在科目汇总表核算形式下,记账凭证是用来(　　)的依据。
   A. 登记库存现金日记账　　　　　　B. 登记总分类账
   C. 登记明细分类账　　　　　　　　D. 编制科目汇总表
9. 科目汇总表会计处理程序的优点有(　　)。
   A. 反映内容详细　　　　　　　　　B. 简化总账登记
   C. 便于试算平衡　　　　　　　　　D. 能反映账户对应关系
10. 科目汇总表会计处理程序的适用范围是(　　)的单位。
    A. 规模较大　　　　　　　　　　　B. 经济业务较多
    C. 规模较小　　　　　　　　　　　D. 经济业务较少
11. 在科目汇总表核算程序下,月末应将(　　)与总分类账进行核对。
    A. 库存现金日记账　　　　　　　　B. 银行存款日记账
    C. 明细分类账　　　　　　　　　　D. 备查账

三、能力判断题

1. 记账凭证会计处理程序是直接根据记账凭证逐笔登记总分类账的。　　　(　　)
2. 科目汇总表的编制方法是根据一定时期内的全部记账凭证,按照相同的会计科目归类,定期汇总出每一个会计科目的借方本期发生额和贷方本期发生额。　　　(　　)
3. 科目汇总表会计处理程序的优点之一是编制汇总记账凭证的程序比较简单。
   　　　(　　)
4. 科目汇总表会计处理程序适用于规模较大、经济业务较多的单位。　　　(　　)

提升能力训练

单项选择题

1. 科目汇总表会计处理程序的缺点是(　　)。
   A. 增加了会计核算的会计处理程序
   B. 增加了登记总分类账的工作量
   C. 不便于检查核对账户的对应关系

D. 不便于进行试算平衡
2. 会计处理程序的核心是( )。
   A. 凭证组织　　　　B. 账簿组织　　　　C. 记账程序　　　　D. 报表组织

专业应用能力训练

1. 练习各种会计处理程序。

琴岛公司 2020 年 9 月份发生以下业务：

① 9 月 1 日　　　　收 1
　借：银行存款　　　　　　　　　10 000
　　贷：实收资本　　　　　　　　　　　10 000　　摘要：接受投资

② 9 月 5 日　　　　付 1
　借：库存现金　　　　　　　　　2 000
　　贷：银行存款　　　　　　　　　　　2 000　　摘要：提现备用

③ 9 月 10 日　　　　付 2
　借：管理费用　　　　　　　　　1 500
　　贷：库存现金　　　　　　　　　　　1 500　　摘要：购买办公用品

④ 9 月 20 日　　　　付 3
　借：原材料　　　　　　　　　　7 000
　　贷：银行存款　　　　　　　　　　　7 000　　摘要：购买材料

⑤ 9 月 30 日　　　　转 1
　借：生产成本　　　　　　　　　5 000
　　贷：原材料　　　　　　　　　　　　5 000　　摘要：生产领料

（1）采用记账凭证会计处理程序登记银行存款日记账及银行存款总账。

银行存款日记账

年		凭证编号	摘要	借方	贷方	余额
月	日					

银行存款总账

年		凭证编号	摘要	借方	贷方	借或贷	余额
月	日						

（2）采用科目汇总表会计处理程序登记银行存款日记账及银行存款总账。

第一步：科目汇总。

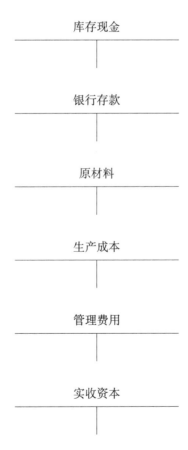

第二步：编制科目汇总表（试算平衡表）。

科目汇总表(试算平衡表)

年　　月　　　　　　　　　　　　　　　　　　　　　　　　单位:元

会计科目	期初余额		本期发生额		期末余额	
	借方	贷方	借方	贷方	借方	贷方
库存现金						
银行存款						
原材料						
生产成本						
管理费用						
实收资本						
合计						

第三步:登记账簿。

银行存款日记账

年		凭证编号	摘要	借方	贷方	余额
月	日					

银行存款总账

年		凭证编号	摘要	借方	贷方	借或贷	余额
月	日						

（3）采用汇总记账凭证会计处理程序登记银行存款日记账及银行存款总账（查阅课外资料，完成本部分内容）。

第一步：填制汇总记账凭证。

汇总收款凭证

借方科目：银行存款

账户	本期发生额	
	借方	贷方
合计		

汇总付款凭证

贷方科目：银行存款

账户	本期发生额	
	借方	贷方
合计		

第二步：登记账簿。

银行存款日记账

年		凭证编号	摘要	借方	贷方	余额
月	日					

银行存款总账

年		凭证编号	摘要	借方	贷方	借或贷	余额
月	日						

2. 对比各种会计处理程序。

三种会计处理程序优缺点对比总结表

分析项目		记账凭证会计处理程序	科目汇总表会计处理程序	汇总记账凭证会计处理程序
各类会计处理程序特点分析	1. 原始凭证环节			
	2. 记账凭证的编制依据			
	3. 会计账簿的登记依据			
	（1）日记账登账依据			
	（2）明细账登账依据			
	（3）总账登账依据			
	4. 会计报表的编制依据			
各类会计处理程序特点总结				
各类会计处理程序优缺点分析	总账详细程度			
	是否便于查对账目			
	总体工作量大小			
各类会计处理程序适用范围				

项目十一

理解会计原则与会计法规

知识认知能力训练

1. 会计主体,是指企业_____、_____和_____的_____的范围。它以会计核算或服务的特定的独立的经济单位为范围,限定了会计活动的范围。典型的会计主体是_____。

2. 持续经营是指在可预见的_____,会计主体的生产经营活动按既定的经营方针、目标_____,不会面临破产清算。

3. 会计分期,是指将一个企业_____划分为若干个首尾相接、间距相等的期间。

4. 会计信息质量要求是对企业财务报告中所提供的会计信息质量的基本要求,主要包括:_____、_____、_____、_____、_____、_____、_____、_____等。

5. 可靠性原则要求企业提供的会计信息应当以实际发生的证明经济业务发生的合法凭证为依据,如实反映财务状况和经营成果,做到_____、_____、_____。

可靠性有以下三层含义:(1)_____;(2)_____;(3)_____。

6. 相关性原则又称有用性原则,要求企业提供的会计信息应当与财务报告使用者的经济决策相关,有助于财务报告使用者对企业_____、_____或者_____的情况做出评价或者预测。

7. 可理解性原则要求企业提供的会计信息应当_____,便于财务报告使用者理解和使用。

8. 可比性原则要求企业提供的会计信息应当具有_____。

可比性包括两层含义:(1)_____的交易或事项,应当采用一致的会计政策,不得随意变更。如有必要变更,应将变更的情况、变更的原因及其对单位的财务状况和经营成果的影响在财务报告附注中说明。(2)_____

选择会计处理方法要符合规定,运用的会计指标口径要一致,这样,不同企业提供的会计信息具有可比性,以满足国家宏观管理和调控的需要。

9. 实质重于形式原则要求在财务会计核算过程中,某一交易或事项的经济实质重于其_____,企业应当按照_____进行财务会计核算,而不应当仅仅将它们的_____作为财务会计核算的依据。

10. 谨慎性原则要求企业在对交易或者事项进行会计确认、计量和报告时应当保持_____,不应_____资产或收益、_____负债或者费用,以免会计报表反映的会计信息引起报表使用者的盲目乐观。

11. 及时性原则要求企业对于已经发生的交易或者事项,应当_____进行会计确认、计量和报告,不得_____。

12. 会计确认和计量基础有_____与_____。我国《企业会计准则》规定:"企业以_____为基础进行会计确认、计量和报告。"

13. 权责发生制是指收入和费用的确认应当以_____作为确认、计量的标准。凡是当期已经实现的收入和已经发生或应当负担的费用,不论_____,都应当作为当期的收入和费用处理;凡是不属于当期的收入和费用,即使款项已在当期收付,也不应当作为当期的收入和费用。

14. 与权责发生制相对应的一种会计基础是_____。它是以_____作为确认收入和费用等的依据。即凡是_____,不论其是否归属于本期,均作为本期的收入和费用处理;凡是_____,即使其归属期属于本期,也不能作为本期的收入和费用处理。

目前,我国的行政事业单位会计采用_____。

15. 目前,我国的会计法规体系基本形成了以_____为主体的具有中国特色的比较完整的会计法规体系,主要包括四个层次,即_____、_____、_____和_____。

16. _____是指由_____经过一定立法程序制定的有关会计工作的法律。《中华人民共和国会计法》(简称《会计法》)是会计法规体系的_____层次,是制定其他会计法规的依据,也是指导会计工作的_____准则,是会计机构、会计工作、会计人员的根本。

17. _____是调整经济生活中某些方面会计关系的法律规范,其由_____制定发布或国务院有关部门拟订、经国务院批准发布,制定依据是《会计法》,其在法律效力上仅次于_____。

18. _____是指由主管全国会计工作的行政部门——财政部就会计工作中的某些方面所制定的规范性文件,包括_____和_____。

19. _____是根据《中华人民共和国立法法》规定的程序,由财政部制定,并由部门首长签署命令予以公布的制度办法。

20. ＿＿＿＿＿＿＿＿＿＿是指财政部就会计工作中的某些方面所制定的规范性文件。

21. ＿＿＿＿＿＿＿＿＿＿是指省、自治区、直辖市的人民代表大会及其常务委员会在与宪法、法律和行政法规不抵触的前提下,根据本地区情况制定、发布的会计规范性文件。

22. 会计档案,是企事业单位和机关团体在经济管理与各项会计核算活动中直接形成的作为历史记录保存下来的＿＿＿＿＿、＿＿＿＿＿与＿＿＿＿＿等材料。它是记录与反映经济业务、财务收支状况及其结果的重要史料和证据,是国家全部档案的重要组成部分。

基础能力训练

一、单项选择题

1. 会计主体假设规定了会计核算的(　　)。
   A. 时间范围　　　　　　　　B. 空间范围
   C. 期间费用范围　　　　　　D. 成本开支范围

2. (　　)假设是对会计确认、计量和报告的空间范围做出的合理假设。
   A. 会计主体　　B. 持续经营　　C. 会计分期　　D. 货币计量

3. 在可预见的未来,会计主体不会破产清算,所持有的资产将正常营运,所负有的债务将正常偿还。这属于(　　)。
   A. 会计主体假设　　　　　　B. 持续经营假设
   C. 会计分期假设　　　　　　D. 货币计量假设

4. 只有在(　　)假设的前提下,才可以在机器设备的使用年限内,按照其取得时的历史成本及使用情况,确定采用某一折旧方法计提折旧,将其磨损的价值分期计入成本费用。
   A. 会计主体　　B. 持续经营　　C. 会计分期　　D. 货币计量

5. (　　)为会计的基本假设,就是将一个会计主体持续经营的生产经营活动划分为若干个相等的会计期间。
   A. 会计分期　　B. 持续经营　　C. 会计主体　　D. 会计年度

6. 由于(　　)的存在,才产生了本期与其他期间的差异,从而出现了权责发生制和收付实现制。
   A. 会计主体　　B. 持续经营　　C. 会计分期　　D. 货币计量

7. 会计所使用的主要计量尺度是(　　)。
   A. 实物量度　　　　　　　　B. 劳动量度

C. 货币量度　　　　　　　　　　　D. 实物量度和货币量度

8. 有助于财务会计报告使用者对企业过去、现在或未来情况做出评价、预测的会计信息质量要求是(　　)。

　　A. 可靠性　　B. 可比性　　C. 及时性　　D. 相关性

9. 可理解性原则要求企业提供的会计信息应当(　　)。

　　A. 简单明了　　B. 客观真实　　C. 清晰明了　　D. 便于决策

10. 实质重于形式原则要求企业对交易或者事项进行会计确认、计量和报告时应按照其(　　)。

　　A. 经济实质　　B. 经济内容　　C. 法律形式　　D. 法律依据

11. 如果一项会计信息的省略、漏报或错误的披露会导致会计信息使用者做出错误的判断,则这一会计信息的质量要求是(　　)。

　　A. 重要性　　　　　　　　　　　B. 谨慎性
　　C. 一贯性　　　　　　　　　　　D. 实质重于形式

12. 某企业 2020 年 3 月 20 日采用赊销方式销售产品 60 000 元,6 月 20 日收到货款并存入银行。按权责发生制核算时,该项收入应属于(　　)。

　　A. 2020 年 3 月　　　　　　　　B. 2020 年 4 月
　　C. 2020 年 5 月　　　　　　　　D. 2020 年 6 月

13. 某企业 2020 年 2 月发生以下经济业务:① 本月预付全年水电费 3 600 元;② 本月购入办公用品 2 000 元,款项尚未支付;③ 计提本月短期借款利息 5 000 元。按照权责发生制,该企业本月应确认费用(　　)元。

　　A. 10 600　　B. 8 600　　C. 7 300　　D. 5 300

14. 某企业收到上月赊销产品款 20 000 元;本月销售产品 40 000 元,收到货款 30 000 元,余款尚未收到。按权责发生制,本月实现的产品销售收入为(　　)元。

　　A. 20 000　　B. 30 000　　C. 40 000　　D. 60 000

15. 某企业通过银行收到货款 62 000 元,其中属于上月应收 12 000 元,本月应收 40 000 元,预收下月 10 000 元。在权责发生制下,本月的收入应为(　　)元。

　　A. 50 000　　B. 62 000　　C. 40 000　　D. 52 000

16. 以收付实现制为核算基础,下列各项不属于本期收入或费用的是(　　)。

　　A. 本期支付下期的房屋租金　　　B. 本期预收的款项
　　C. 本期预付的款项　　　　　　　D. 本期采购设备尚未支付的款项

17. 某企业在年初用银行存款支付本年租金 120 000 元,于月末将 120 000 元全部计入本期费用,这符合(　　)。

　　A. 收付实现制　　　　　　　　　B. 权责发生制
　　C. 谨慎性原则　　　　　　　　　D. 历史成本计价原则

18. 某单位 6 月份预付第三季度财产保险费 1 800 元;支付本季度借款利息 3 900 元

(其中5月份1 300元,4月份1 300元);用银行存款支付本月广告费30 000元。根据收付实现制,该单位6月份确认的费用为( )元。

A. 31 900　　　　B. 31 300　　　　C. 33 900　　　　D. 35 700

19. 某企业确认办公用楼租金60万元,用银行存款支付10万元,50万元未付。按照权责发生制和收付实现制分别确认费用( )。

A. 10万元,60万元　　　　　　B. 60万元,0万元
C. 60万元,50万元　　　　　　D. 60万元,10万元

二、多项选择题

1. 根据企业会计准则的规定,下列时间段中,应作为会计期间的有( )。
A. 年度　　　B. 半年度　　　C. 季度　　　D. 月度

2. 下列各项中,属于会计基本假设的有( )。
A. 会计主体　　B. 持续经营　　C. 会计分期　　D. 货币计量

3. 下列关于货币计量的表述中,正确的有( )。
A. 货币计量是指会计核算中采用货币作为唯一的计量单位
B. 企业的会计核算一定要以人民币为记账本位币
C. 在特定情况下,企业可以选择人民币以外的某一种货币作为记账本位币
D. 以人民币以外的货币为记账本位的,财务会计报告中应当折算为人民币

4. 可比性原则要求企业提供的会计信息应当相互可比,主要包括两层具体含义:( )。
A. 同一企业不同时期可比　　　B. 同一企业相同时期可比
C. 不同企业不同会计期间可比　D. 不同企业相同会计期间可比

5. 及时性原则要求企业对于已经发生的交易或事项( )。
A. 不得提前确认　　　　　　　B. 可以提前报告
C. 不得提前计量　　　　　　　D. 可以推迟计量

6. 根据权责发生制原则,下列各项中,应计入本期的收入和费用的有( )。
A. 本期销售货款收存银行　　　B. 上期销售货款本期收存银行
C. 本期预收下期货款存入银行　D. 计提本期固定资产折旧费

7. 下列经济业务中,企业依据收付实现制应在本月确认收入或费用的有( )。
A. 支付下一个年度的设备租金
B. 以银行存款支付本季度短期借款利息
C. 本月收回客户上月所欠的货款
D. 本月销售产品一批,按合同规定下月收回货款

8. 本月收到上月销售产品的货款并存入银行,下列表述中正确的有(　　)。
   A. 收付实现制下,应当作为本月收入　　B. 权责发生制下,不能作为本月收入
   C. 收付实现制下,不能作为本月收入　　D. 权责发生制下,应当作为本月收入

三、能力判断题

1. 会计主体是指企业法人。（　　）
2. 会计分期确认了会计核算的时间长度。（　　）
3. 没有会计主体,就不会有持续经营;没有持续经营,就不会有会计分期。（　　）
4. 由于会计分期,产生了权责发生制和收付实现制的区别,因此企业进行会计确认、计量和报告时以会计分期为前提就够了。（　　）
5. 会计期间分为月度、季度和年度。（　　）
6. 在我国,以公历年度作为企业的会计年度,即公历1月1日至12月31日。（　　）
7. 会计计量单位只有一种,即货币计量。（　　）
8. 企业的会计核算一定要以人民币为记账本位币。（　　）
9. 记账本位币可以为人民币,但业务收支以人民币以外的货币为主的单位也可以为某一种外币。（　　）
10. 谨慎性原则要求会计核算工作中做到不夸大企业资产、不虚增企业收益。（　　）
11. 可靠性原则要求企业不得虚构交易或事项,也不能随意减少应该向会计信息使用者披露的信息。（　　）
12. 实质重于形式原则要求企业应当以交易或者事项的法律形式为依据。（　　）
13. 按照权责发生制原则的要求,凡是本期实际收到款项的收入和付出款项的费用,不论是否归属于本期,都应当作为本期的收入和费用处理。（　　）
14. 收付实现制会计基础下,凡是本期用银行存款支付的费用,不论其应否在本期收入中取得补偿,均应作为本期费用处理。（　　）
15. 甲企业2020年4月售出商品,7月才能收回货款。在收付实现制下,甲企业4月份没有收到现金,就不确认收入。（　　）
16. 同样的经济业务,采用不同的记账基础,其收入与费用可能各不相同,利润也可能不同。（　　）

提升能力训练

一、单项选择题

1. 关于会计主体的概念,下列说法不正确的是( )。
   A. 可以是独立法人,也可以是非法人
   B. 可以是一个企业,也可以是企业内部的某一个单位
   C. 可以是一个单一的企业,也可以是由几个企业组成的企业集团
   D. 当企业与业主有经济往来时,应将企业与业主作为同一个会计主体处理

2. 将企业资产和负债区分为流动与非流动的前提是( )。
   A. 会计主体   B. 持续经营   C. 会计分期   D. 货币计量

3. 关于持续经营假设,下列说法错误的是( )。
   A. 这一假设在现实生活中根本就不可能存在
   B. 是指在可以预见的未来,会计主体将按照当前的规模和状态持续经营下去,不会停业,也不会大规模缩减业务
   C. 如果没有持续经营这一假设前提,一些公认的会计处理方法将难以采用
   D. 如果不以持续经营为前提,企业的固定资产就没有必要计提折旧

4. 会计分期是为了( )。
   A. 界定会计核算的空间范围   B. 正确计算收入、费用和损益
   C. 提供综合会计信息,确定计量基础   D. 财产物资按历史成本反映

5. 可靠性原则是指企业应当以实际发生的交易或者事项为依据进行会计确认、计量和报告,它要求企业提供的会计信息( )。
   A. 对企业决策者有帮助   B. 对信息使用者有用
   C. 供企业外部人员进行选择   D. 为制定企业会计准则提供依据

6. 相关性原则要求企业提供的会计信息应当与财务会计报告使用者的( )。
   A. 经济决策需要相关   B. 投资决策需要相关
   C. 筹资决策需要相关   D. 利润分配需要相关

7. 企业发生的售后回购业务,虽然按照合同规定已将商品销售给对方并将实物也转移给了对方,但企业不应该确认收入,这一做法符合的会计信息质量要求是( )。
   A. 重要性   B. 谨慎性   C. 可比性   D. 实质重于形式

8. 企业对可能发生的各项资产损失计提资产减值或跌价准备,充分体现了( )的要求。
   A. 权责发生制   B. 实质重于形式

C. 谨慎性 D. 可靠性

9. 适用于划分各会计期间收入和费用的原则是(   )。
   A. 相关性原则 B. 可靠性原则
   C. 权责发生制原则 D. 谨慎性原则

10. 国家统一的会计制度由国务院财政部门根据(   )制定并公布。
    A. 《总会计师条例》 B. 《中华人民共和国公司法》
    C. 《中华人民共和国会计法》 D. 《中华人民共和国审计法》

11. 我国会计核算工作最高层次的规范是(   )。
    A. 《企业会计准则》 B. 《中华人民共和国会计法》
    C. 《中华人民共和国注册会计师法》 D. 《会计基础工作规范》

12. 下列说法正确的是(   )。
    A. 会计档案销毁清册需要保管 15 年
    B. 银行存款余额调节表需要保管 10 年
    C. 固定资产卡片账应保管 15 年
    D. 库存现金日记账需要保管 15 年

13. 会计档案和其他类是指与会计核算、会计监督密切相关,由会计部门负责办理的有关数据资料,不包括(   )。
    A. 银行对账单 B. 存储在磁性介质上的会计数据
    C. 财务数据统计资料 D. 生产计划书

二、多项选择题

1. 企业财务会计人员应根据职业经验对会计信息重要性判断的方面主要有(   )。
   A. 会计信息的质量 B. 会计信息的内容
   C. 会计信息的性质 D. 会计信息的属性
   E. 会计信息的金额

2. 谨慎性原则要求会计人员在选择会计处理方法时(   )。
   A. 不高估资产 B. 不低估负债
   C. 预计任何可能的收益 D. 确认一切可能发生的损失

3. 对于收入和费用归属期的确认,在会计处理上有(   )。
   A. 权责发生制 B. 永续盘存制
   C. 实地盘存制 D. 收付实现制
   E. 技术推算盘点法

4. 我国的会计法律制度包括(　　)。
   A. 会计法律 B. 会计行政法规
   C. 国家统一的会计制度 D. 地方性会计法规
5. 下列各项中,属于会计行政法规的有(　　)。
   A.《总会计师条例》 B.《会计基础工作规范》
   C.《企业财务会计报告条例》 D.《企业会计准则》
6. 下列各项中,属于国家统一的会计制度的有(　　)。
   A.《企业会计准则》 B.《企业财务通则》
   C.《总会计师条例》 D.《会计从业资格管理办法》
7. 下列关于会计档案管理的说法正确的有(　　)。
   A. 出纳人员不得兼管会计档案
   B. 会计档案的保管期限,从会计档案形成后的第一天算起
   C. 单位负责人应在会计档案销毁清册上签署意见
   D. 采用电子计算机进行会计核算的单位,应保存打印出的纸质会计档案

三、能力判断题

1. 我国所有企业的会计核算都必须以人民币作为记账本位币。(　　)
2. 只强调会计信息的可靠性,而忽略其可理解性,会计信息的相关性就难以得到体现。(　　)
3. 为了满足会计信息的可靠性要求,企业绝对不能随意遗漏或者减少应予披露的信息,无论其信息对使用者决策的作用大小。(　　)
4. 根据相关性要求,企业提供的会计信息应当与企业管理当局的意图相互关联,即会计信息应当满足企业管理层的管理要求。(　　)
5. 根据实质重于形式要求,企业应当以交易或者事项的法律形式为依据。(　　)
6.《中华人民共和国会计法》明确规定,国务院直接管理全国的会计工作。(　　)
7.《中华人民共和国会计法》是会计工作的最高法律,它是由全国人民代表大会常务委员会制定的,在整个会计法律制度中处于最高地位,具有最高效力。(　　)
8. 银行存款余额调节表也属于会计档案。(　　)
9. 会计档案保管期限届满后,会计人员便可销毁会计档案。(　　)

专业应用能力训练

1. 对明新公司下述事项进行分析,看看这些事项违反了哪些会计基本假设。

（1）明新公司总经理孙明将个人旅游的机票及餐宿费 3 500 元作为差旅费报销,他觉得企业是他自己的,所以个人支出可以由企业来负担。

（2）明新公司有一大型建筑项目,从 2020 年 5 月 10 日开始,至 2020 年 7 月 1 日结束,该公司因此编制了从 5 月 10 日至 7 月 10 日的会计报表。

（3）明新公司一下属分公司因经营不善,正在面临破产清算,明新公司在编制合并报表时对该分公司与其他分公司按照同样的标准编制。

（4）明新公司在美国设立的分公司,主要的经济业务也集中于美国,在向国内报送财务会计报告时,记账货币仍为美元。

2. 分别采用权责发生制和收付实现制计算 B 公司 7 月份收入和费用,并填制下表。

B 公司 7 月份收入和费用

经济业务	收付实现制		权责发生制	
	收入	费用	收入	费用
（1）收到上月销货款 50 000 元				
（2）计提本月的折旧 3 000 元				
（3）支付本月的水电费 1 800 元				
（4）预付下季度的房租 5 000 元				
（5）支付上月货款 6 000 元				
（6）本月销售货物 23 000 元,实际收到 20 000 元				
（7）本月销售货物 10 000 元,款未收				
合　计				